里山のことのは

WORDS of SATOYAMA

幻冬舎

構成・文 ネイチャー・プロ編集室

SATOYAMA NO KOTONOHA

WORDS of SATOYAMA

Published by Gentosha
Sendagaya4-9-7,Shibuya-ku,Tokyo 151-0051 Japan
ISBN978-4-344-01757-3 C0072

自然はさびしい
しかし
人の手が加わるとあたたかくなる
その暖かなものを求めて
あるいてみよう

民俗学者・宮本常一

はじめに

遥か昔の日本人は、
自然を征服しようとはせず、
自然を畏れ、共に生きるという考えを
持つようになりました。

里山は、
この自然観のもとに生まれ、
長い時をかけて
人と自然が作り上げた環境です。

人が暮らし、神様が生き、
多くの生きものが
それぞれの好きな場所で暮らし、
里山は今も生き続けています。

里山の言の葉と
美しい里山の写真が、
私たち皆が受け継いだ
自然観を呼び起こす
魔法になればと願います。

【目次】 CONTENTS

稔りの章

of a Good Harvest

田畑は、作物を育てるために整備された場所。

そこはまた、多くの生きものが生活する場所にもなっている。

浅くて広い水面を持つ水田には、

流れがなく水温が高い環境を好む生きものが暮らす。

Promise

瑞穂国《みずほのくに》

『古事記』に出てくる、**水穂國**とは日本のこと。みずみずしい稲穂が実る豊《ほう》穣《じょう》の国という意味で、**瑞穂国**とも表記する。日本の稲作の始まりは弥生時代とも縄文時代ともいわれ、二千年以上の昔から日本人は田んぼと共に歩んできた。

千枚田

せんまいだ

山の斜面に階段状に拓《ひら》かれた水田のことを**棚田**《たなだ》や**千枚田**という。中国語では**梯田**《ティーティエン》。大型農業機械が入れないこともあり、ここでの稲作は重労働。水を湛《たた》えた田んぼが、幾枚も連なる見事な景観は、何代にもわたって連綿と続けられてきた、人々の苦労と知恵の結晶だ。

谷津田

やつだ

台地や丘陵の間、小さな谷間に拓かれた田んぼのことを特別に呼ぶ。元々は関東地方の言葉。**谷戸田**《やとだ》、**谷地田**《やちだ》とも。湧き水が多く、年間を通じて水が絶えない。このような土地で、最初に米作りが行われたのではないかといわれる。

栗東市（滋賀県）

夕焼け《ゆうやけ》

夕焼小焼で日が暮れて／山のお寺の鐘がなる／お手々つないで皆かえろ／烏《からす》と一緒に帰りましょう

中村雨紅　童謡『夕焼小焼』

日が沈むころ、西の空が赤く見える現象で、空気中の水分や塵《ちり》が多いほど赤みを増す。真っ赤な夕焼けの中、あーした天気になあれ！　と下駄を蹴り上げて明日の天気を占うのは、子どものころの懐かしい遊びの一つ。

夕虹《ゆうにじ》

夕方に現れる虹のこと。「朝虹は雨、夕虹は晴れ」という諺《ことわざ》にあるように、夕虹の翌日は晴れることが多い。「夕虹百日の旱《ひでり》」という諺もあり、夕虹が出るのは晴天が続く前兆。

東川町（北海道）

冠着山（長野県千曲市）

夕彩　ゆうあや

『枕草子』では、秋の最高の趣《おもむき》を「夕暮」としている。空の色が刻々と変化し、一日の中で最も美しい時間帯だ。昼間の生きものと夜の生きものが入れ替わるときでもある。鳥が眠りにつき、コウモリが夕空に飛び出す。夕暮れに、周りの景色が夕日を受けて美しく照り輝くことを**夕彩**や**夕映え**という。

田毎の月　たごとのつき

信州冠着山《かむりきやま》の山麓斜面にある、小さく拓《ひら》かれた棚田《たなだ》に映る月影のこと。松尾芭蕉や与謝蕪村など、多くの俳人が題材に用いた。水を湛《たた》えた田んぼの脇を月の光を浴びながら歩いていくと、月影も隣の田に移っていく。これを**田毎の月**といいなしたのだろう。

紫雲英田《げんげだ》

根に栄養分をためるゲンゲは、田んぼに植えられることがある。米作りが始まる前に、そのまま田の中に混ぜ込むと良い肥料になる。**青葉肥**《あおばごえ》ともいう。一面の**紫雲英田**は、空気もピンク色に染める春の風物詩。

苗代《なわしろ》

稲の種籾《たねもみ》を蒔いて、苗に育てるところ。本田に植え替えるまで育てる。鳥などが荒らさないよう、周りを垣で囲った。**苗代垣**という。

水澄みて籾の芽青し苗代田　支考

仰木（滋賀県）

雪形《ゆきがた》

春、山に積もった雪が解け始めると、山肌が出て黒く見える部分と残雪の白とが織りなす模様が現れる。これを**雪形**という。毎年特徴ある雪形が浮かび上がるところでは、農作業を始める時期の目安となる。**種まき兎**や**豆まき小僧**などの名前が付けられた。

田の神

たのかみ

田んぼには、稲作を見守り豊穣《ほうじょう》をもたらす神が宿る。**田の神**は、稲作の始まるころ山から降りてきて、田植えがすむと山に戻ると考えられた。地方によって**農神**《のうしん》、**作神**《さくしん》、**サンバイ様**などと呼ばれる。たった一粒の籾《もみ》から何本もの穂が出る稲には、人の命を支える**稲**《いな》**霊**《だま》が宿ると信じられた。

水口祭

みなくちまつり

水口は、川や用水路などから田んぼに水を引き入れるところ。**水口祭**は別名**苗代祭**ともいわれ、苗代に初めて水を引いて種籾を蒔いた日に、田の神に豊作を祈る行事。水口に土を盛って季節の花や小枝をさし、種籾の残りでこしらえた焼米をお供えして、田の神に苗代の加護を願う。

八十八夜《はちじゅうはちや》

立春から数えて八十八日目にあたる日のことで、現在の暦では五月二日ごろ。このころを境に気候が安定してくるため、本格的な農作業の始まりの時期として、農家には大事な節目。また、この日に摘んだお茶は上等とされ、茶どころでは茶摘みの最盛期を迎える。

夏も近づく八十八夜、／野にも山にも若葉が茂る。／「あれに見えるは茶摘じゃないか。／あかねだすきに菅《すげ》の笠。」

文部省唱歌『茶摘』

国東市（大分県）

油菜　あぶらな

またの名を、**菜の花**、**菜種**。脂肪分の多い種から搾って採ったのが、菜種油。**油菜**の畑は花が咲くと一面黄色の絨毯になり、春の明るさを象徴する景色。この花のような、黄色を帯びた褐色のことを**菜種色**という。

菜の花畠に入日薄れ、／見わたす山の端霞ふかし。／春風そよふく空を見れば、／夕月かかりてにおい淡し。

高野辰之　文部省唱歌『朧月夜』

菜種梅雨　なたねづゆ

菜の花が咲く三～四月ごろ、関東以西では暖かい春の長雨の降ることが多い。そのことから、その時期のこと、またはそのころ降る雨のことをいう。この長雨が明けると、梅雨に入るまでは、東日本のほとんどの地域で好天が続く。

加須市（埼玉県）

畔塗り　くろぬり

稲作の鍵を握るのは水管理。それには田の畦《あぜ》が保水に耐えなければならない。畦の補修は、古い土を切ってから新しい土を付け、モグラやザリガニなどに開けられた穴を丁寧に塞《ふさ》いでいく。「田を作るより畦作れ」という諺《ことわざ》があるほど重要な作業。畔は、畦よりも古い言葉。

畦塗るを鴉《からす》感心して眺む　西東三鬼

厩肥　うまやごえ

耕耘機が普及する昭和三十年代半ばまで、人々は牛馬に頼って農業を営んでいた。家畜小屋の敷藁《しきわら》と、家畜の排泄物とが混ざったものを発酵させると良い堆肥になる。これを**厩肥**という。厩肥を入れた田畑は地力があり、いい作物ができる。機械化が進んでからは、牛馬と共に消えていった。

仰木（滋賀県）

大津市（滋賀県）

田打ち《たうち》

田植え前に、田の土を掘り起こす作業。とても力がいるので、昔は男性の仕事だった。土を掘り起こしてまぜ返し、古い稲株を土中にすき込む。冬の間活動を停止していた土が活性化して、ふんわりにおいが立つ。**田起こし**、**田耡《たうな》い**ともいう。

代掻き《しろかき》

田に水を入れ、土と水をよくかき混ぜ田植えができる状態にすること。平らにならされた田んぼには、周りの景色が映り込んで大変美しい。水のにおいに惹き付けられて、生きものがやってくる。カエルが産卵に訪れ、トンボの卵は孵《かえ》り、冬眠していたタニシやドジョウも起き出す。

田金魚《たきんぎょ》

田んぼなどにすむ小型の甲殻類で、なぜかいつも腹を上にして泳いでいる。水田に水が張られると、泥の中で冬を過ごした卵が孵化《ふか》する。大発生した年は豊年になるといわれることから、和名は**豊年蝦《ほうねんえび》**。

ホウネンエビ

アマサギ

苗代鷺《なわしろさぎ》

苗代鷺という別名を持つ**アマサギ**は、ウシなど大きな動物の後ろについて歩き、ウシに驚いて飛び出す虫などを捕食する。稲作の動力が牛馬から機械に移行しても、アマサギはかまわず機械の後ろを集団でついて回り、獲物をねらっている。

マルタニシ

田んぼの栄螺《たんぼのさざえ》

田んぼや池などにすむタニシのこと。昔は農村の貴重なタンパク源で、煮たり和え物にしたりして食べていた。

紫雲英の田の水口に／田螺《たにし》の集議があるとうよ／山のかげから麓から／三月《みつき》もかかって寄るとうよ

島田忠夫　童謡『田螺（二）』

雨乞虫《あまごいむし》

「カエルが鳴くと雨が降る」という諺《ことわざ》がある。**アマガエル**は、気圧の変化に反応し、低気圧が近づくと鳴くので天気を知る一つとされ、**雨乞虫**と呼ばれる。宮沢賢治の童話『蛙のゴム靴』では、空を見上げて雲見をするのが大好きな三匹のカエルが登場する。

ニホンアマガエル

草取り虫《くさとりむし》

日本では田んぼだけに生息し、寿命はおよそ一ヶ月。体長は三十ミリほどで、三億年前からほとんど姿が変わらない。この不思議な生きものは、生きた化石とも呼ばれる**カブトエビ**である。田んぼの水底を掘り返しながら泥の中の有機物を食べている様子から**草取り虫**とも呼ばれる。

カブトエビ

メダカ

稲の魚《いねのさかな》

メダカの学名 *Oryzias latipes* は〝幅広いヒレの**稲の魚**〟、英名は Japanese rice fish。田んぼとは切っても切れない関係のようだ。日本全土では五千以上もの地方名があるとか。それだけ親しまれたメダカも、今では絶滅危惧種に指定されている。生息環境の変化や外来種の侵入などが原因だ。

田植時　たうえどき

田植えのころは、雨が降ったり止んだり晴れ上がったりと定まらない天候になることが多い。雨が降るとまだ寒いので「田植布子《ぬのこ》に裸麦《はだかむぎ》」という諺《ことわざ》がある。**田植時**は寒くて綿入れを着る日があるが、秋の麦蒔きのころは暑くて裸になることがあるという意味。

早乙女　さおとめ

田んぼに稲苗を植え付ける女性のこと。昔、田植えは女性の仕事だった。農作業の大きな節目であり、かつては、田の神を迎える神事としての意味合いも強かった。**早乙女**は、野良着の域を超えた晴着を身につけ、神聖な気持ちで田植えに臨んだ。

早苗取　さなえとり

苗代にびっしり生え揃い、田植えを待つばかりとなった稲苗は**早苗**と呼ばれる。田植えの前日か当日の朝早くに抜き取られ、藁《わら》で束ねて程よい大きさにくくられる。この作業を**早苗取**という。口数少なく、どこか厳粛《げんしゅく》な空気が漂ったという。田植えは大切な神事と考えられていた気持ちの表れだろう。

早苗とる手もとを鷺《さぎ》に見つめられ　金尾梅の門

田植え　たうえ

機械化が進む前、重労働の田植え仕事は家族総出で行われた。学校がお休みになり、子どもたちも大切な働き手となる。**田植え**が始まると、田んぼは人の出入りが多くなり、ヘビやナマズやイモリなど、様々な生きものも集まって一気に賑《にぎ》やかになる。

仰木（滋賀県）

苗打ち《なえうち》

苗束を田へ投げ入れること。田んぼでは泥に足をとられて歩くのが大変。手持ちの苗がなくなると畔《あぜ》にいる人に投げ込んでもらう。一般に経験と力とを有する大人の男性の役だが、子どもがやることもあり**苗持子供**といったりする。

早苗投げ媼《をうな》は距離をあやまたず　米澤吾亦紅

田植唄《たうえうた》

二千年以上も稲を作り続け、米を主食にしてきた日本人にとって、田植えはとても重要な作業。早乙女は**田植唄**を歌いながら植え、若者は笛太鼓を演奏し、田の神を喜ばせながら行った。また、歌うことで辛《つら》く単調な作業も楽しく感じられ、能率も上がる。

花田植《はなたうえ》

田の神を迎え、美しく飾った牛が代掻きを行い、人々は太鼓や笛で囃《はや》し立て、早乙女は高らかに田植唄を歌い苗をさすという稲作儀式の古典的なもの。**囃**《はや》**子田**《しだ》ともいう。広島県山県郡北広島町の**壬生**《みぶ》**の花田植**は、現在西日本に残る花田植で最大の規模を誇る。

田植地蔵《たうえじぞう》

京都の醍醐寺《だいごじ》にある地蔵菩薩立像は、履物を履いた珍しい地蔵。地元の民話によると、両親に先立たれた少年が、一人で田植えをしに田んぼへ行くと、すでに終わっていた。畦の足跡をたどった先に、足元が泥で汚れたお地蔵さんがいたという。田植えを手伝う**田植地蔵**の民話は、全国各地に残る。

胎内市（新潟県）

チャグチャグ馬コ

ちゃぐちゃぐうまこ

岩手県滝沢村と盛岡市に残る祭りのこと。飾り付けた馬に鈴を付け、馬の神を祀《まつ》る鬼越蒼前《おにこしそうぜん》神社で馬の無病息災を祈る。田打ちに続く代掻きの重労働をしてくれた馬をねぎらうもので、**チャグチャグ**とは馬が歩くたびに鳴る鈴の音のこと。

早苗田

さなえだ

田植えを終えて間もない田んぼ。水が満々と張られ、空や周囲の風景を映し込む。まだ小さい苗の頭の先がかろうじて出るくらいに水が張られ、風が波を起こしたら溺れそうだ。

車田植

くるまだうえ

ふつう田植えは、直線状に苗を植えるが、**車田植**は丸く渦巻き状に植えていく。すべての田植えの一番最後に、田植唄に合わせて植える習わしで、田の神に豊作を願う古い農耕の習俗。**佐渡の車田植**は、奈良時代の田植え神事を今に伝える農耕行事。国の重要無形民俗文化財だ。

早苗饗

さなぶり

サナブリとはサノボリが変化したものと考えられ、サは田の神のこと。田の神が天へ昇るという意味。田植えが無事に終了したことに感謝し、田の神を送る儀礼を行った。赤飯を炊いて酒を飲み、田植えの終了を祝い労をねぎらう。共に働いた牛馬にもご馳走を与え、農具には酒が供えられた。

ヤマカガシ

井守の黒焼き
いもりのくろやき

かつては媚薬《びやく》として有名であった。雌雄を一匹ずつ焼いて粉末にしたものを、相手に振りかけたり酒に入れて飲ませたりすると、思いが叶うといわれる。**イモリ**のオスは、鮮やかな紫色に変化した尾を振りながら、メスの目の前で求愛のダンスを踊る。

山の蛇
やまのへび

ヤマカガシの別名。山よりはむしろ、田んぼなどの水辺や農耕地に多く見られるヘビ。とにかくカエルを好んで食べ、泳ぎも得意。田んぼの中を鎌首を上げて泳ぐ姿が見られる。カエルの多い田んぼには、他の種類のヘビもやってくる。

大鯰
おおなまず

地面の下にいる**大鯰**が暴れると、大地震が発生する。これは日本に伝わる俗説。ナマズは滑らかな体と大きな頭を持つ独特な姿で、古くから親しまれてきた。琵琶湖周辺では、田植え後の水田に大挙して産卵に訪れるという。

夥《おびただ》し・なまづが背負う日本国
『雑俳・冠《かんむり》独歩行《ひとりあるき》』

青田風
あおたかぜ

育った苗が青々と連なる田んぼを**青田**という。稲をなびかせて吹き過ぎていく風は**青田風**。風が通ってできた道は**青田波**と呼ぶ。青田のころ、稲が育ってくるとゲンゴロウやバッタやクモなど、様々な生きものが近くの池や草地から食事をしに出かけてくる。

朝起の顔ふきさます青田かな　惟然

津市（三重県）

仰木（滋賀県）

炎暑《えんしょ》

真夏の風景は、強烈な日差しとそれによって作られた濃い陰のコントラストで描かれる。ぎらぎらと燃えるような暑さのことを**炎暑**または**猛暑**という。

炎暑の田しづかに暑さあつめをり　及川貞

田水沸く《たみずわく》

田んぼの水深は浅く、真夏の強い日差しを受けるとすぐ湯のように熱くなる。そんな中での田草取は何よりも辛《つら》い作業であるが、稲にとっては望ましい。稲は夏の暑さでぐんぐん育つため、田水が沸くと豊作だと喜ぶ。

田草取《たくさとり》

田んぼの雑草を取り除く作業。一番草、二番草、三番草と間隔をおいて普通三回行う。雑草は抜き取らず泥の中に埋め込んでいく。日差しのきつい炎天下で何時間も腰を曲げて行う作業の辛さは、言葉では言い尽くせない。少しでも気を紛らわそうと、昔は**草取り唄**を歌いながら作業をした。

中干し《なかぼし》

稲は分蘖《ぶんけつ》して増えるが、増えすぎても倒れたりするのでよくない。そのため、ある程度の本数まで増えたら、一度田んぼの水をすっかり落とす。これを**中干し**という。田んぼの生きものには脅威だが、これを乗り越えた強者だけが、子孫を残すことができる。稲は間もなく穂を付ける準備に入る。

野上がり《のあがり》

夏は毎日炎天下での作業が続くので、体力を著しく消耗する。そこで、農作業が一段落ついたころ、二〜三日の休みを取った。**野上がり**という。このちょっとした農閑期《のうかんき》に、疫病退散や稲の病害虫を駆除する願いを込めた夏祭りが行われる。京都八坂神社の**祇園祭**《ぎおんまつり》が有名。

錦雨《きんう》

稲の生育には、真夏の日照と豊富な水が必要不可欠。この時期に雨が降らないと、大問題となる。何日も日照りが続いた後に降る雨は**喜雨**《きう》や**錦雨**と呼ばれ、人々は心から感謝し、作業を休んでお祝いをした。**お湿り休み**や**雨遊び**という。

長岡市（新潟県）

ハスの葉

露玉草 つゆだまぐさ

池や水田、堀などに栽培される水草で、ハスの別名。葉に高い撥水性があり水玉ができることから、**露玉草**と呼ばれる。千葉県にある**検見川の大賀蓮**《おおがはす》は、弥生時代の遺跡から発掘されたハスの実を発芽させたもの。

黄昏草 たそがれぐさ

夏の夕方に白い花を咲かせる**夕顔**の別名。果肉をテープ状に薄く細長く剥《む》いて乾燥したものが**干瓢**《かんぴょう》。和え物、汁の実などにするが、特に煮物がよい。また、昆布、椎茸と並んで精進《しょうじん》料理の出汁《だし》をとるのにも利用する。

瓠《ひさご》

ヒョウタンの古い呼び名。果実は、中央がくびれ独特の形をしており、古くから容器として利用された。縦に切れば水汲み用の柄杓《ひしゃく》、横に切れば椀、そのままで酒入れになった。助けた雀がお礼にくれた種から育てた瓢箪《ひょうたん》に、米粒がびっしりと詰まっていたという昔話は『腰折れ雀』。

荷風《かふう》

「荷」という漢字にはハスの意味があり、**荷花**《かか》、**荷香**《かこう》、**荷葉**《かよう》といった言葉がある。ハスの上を吹き渡る風のことを特に**荷風**という。緑色の大きな葉が風に揺らぐさまは、清々しい。

桃葉湯《とうようとう》

モモには古くから悪霊を防ぐ呪力があると考えられ、かつてはモモの葉を湯船に浮かべて入浴する習慣が盛んに行われていた。**桃葉湯**は、汗疹《あせも》を予防し暑気を払うとされる。桃から生まれた桃太郎は、犬、猿、雉を従えて悪い鬼を退治する昔話の主人公。

虫送り《むしおくり》

稲につく虫を村外に送り出す重要な行事で、古くから行われてきた。**虫追い**ともいう。日暮れから夜にかけて大きな松明《たいまつ》を灯し、鉦《かね》や太鼓を叩きながら賑やかに畦を練り歩く。最後は田んぼから遠くはなれた場所まで送る。農薬が使われるようになってからは、見られなくなった行事だ。

イネの花

出穂《しゅっすい》

順調に成長した稲は、間もなく穂が出て開花する。花はとても小さく目立たない。穂が成長して実をつけるまでのこの時期は、一番多くの水を必要とする。太陽の光と豊富な水が、美味しい米を作るのだ。

野分《のわき》

秋に吹く暴風で、野の草を分けて吹きすさぶ風ということから名付けられた。その後**颶風**《ぐふう》と呼ばれるようになり、現在では**台風**という。台風の被害は恐ろしいが、一方で農業用水や飲料水不足の解消に役立つという側面もある。

風祭り《かぜまつり》

稲の花が咲くころは、台風が日本列島を通過する時期でもある。台風を避け稲が無事に実を結ぶようにと祈る**風祭り**の行事が、各地で行われた。一年の努力が水泡に帰す可能性もあり、大切な稲を守りたい人々の願いが一心に込められた。

栗東市（滋賀県）

稲妻

厳霊　いかつち

雷は**厳霊**や**神鳴り**ともいわれ、古くは神と結びつけられ神々のなせる業《わざ》であった。「雷が田んぼに落ちると稲が実を結ぶ」と考えられ、雷は稲の配偶者という意味で**稲妻**と呼ばれた。稲妻の光は**稲光**。

桑原桑原　くわばらくわばら

雷が鳴り始めると落雷避けに「くわばら、くわばら」と唱える風習がある。これは、菅原道真の屋敷が京都桑原にあり、そこに一度も落雷の被害がなかったという言い伝えが元になっているといわれる。クワはカイコの餌として古来重要な作物で、地図記号にもなるほど、桑畑はよくある風景だった。

雀威し《すずめおどし》

春先のスズメは苗を荒らす虫を食べてくれるが、秋には籾を食べる。**案山子**《かかし》はスズメ追いの目的で作られたので、**雀威し**ともいう。藁《わら》を束ねて着物を着せ、人がいるように見せかける。効果は続かず、慣れてしまったスズメが頭や肩にとまったりするようだ。

金風《きんぷう》

古代中国に端を発する自然哲学の思想「五行説《ごぎょうせつ》」では、万物は木・火・土・金・水の五種類の元素からなる。それによると「金」は、収穫の季節・秋を象徴する。このことから、**金風**とは秋の風のこと。黄金色に実った稲の上を吹き渡る風のイメージにぴったりだ。

鳴子《なるこ》

田んぼの鳥追いは、学校帰りの子どもの仕事だった。仕掛けられた綱を引くと、吊るされた竹ががらんがらんと音を立てる。**鳴子**という。子どもたちは、おしゃべりを楽しんでいるが、鳥がやってくると鳴子を鳴らしたり、大声を出したりして鳥を追い払った。

町田市（東京都）

コサギ

雪客《せっかく》

雪客とは、**サギ**の別名。集団でねぐらを作る習性のものが多く、そのような場所を**鷺山**《さぎやま》と呼ぶ。かつて埼玉県にあった**野田の鷺山**は、江戸時代中期に形成され、個体数は四万羽に達したともいわれる。

桃花鳥《つき》

トキの古名。かつては日本国内に広く分布したが、肉や羽を採る目的で乱獲後激減し、日本産の野生のトキは絶滅した。稲を踏んで歩く田の一番の嫌われ者でありながら、あちこちで見られたこの鳥も、幻の鳥となった。

落水《おとしみず》

稲の穂が垂れ下がるほどたわわに実ると、畦《あぜ》を切って徐々に水が落とされる。**落水**は稲刈りの作業をしやすくするためで、一度水が落とされると一般的には春まで水が張られることはない。行き場のなくなったナマズなどの魚が取り残されると、晩のおかずに持って帰った。

仰木（滋賀県）

松上の鶴《しょうじょうのつる》

樹上に巣を作る習性から付いた、**コウノトリ**の別名。ツルとしばしば混同されたようだ。古くは**鸛**《おほとり》。江戸時代には各地の神社仏閣の屋上に営巣し、縁起の良い鳥として大切にされた。かつては田んぼで食べ物を探す姿が普通に見られたが、明治以降減少し、絶滅危惧種に指定されている。

稲刈り《いねかり》

果てしない苦労と努力を伴った米作りも、いよいよクライマックスを迎える。稲刈りは家族総出で行われ、学校も**稲刈り休み**になった。逃げ場を失った昆虫やカエルを食べにきたサギが、稲刈りの進むに合わせ、共に田んぼを移動する。

稲架掛け《はざかけ》

刈り取った稲は束にして、木や竹を何段かに組んだ**稲架**に干し、自然乾燥させる。この作業を**稲架掛け**という。思いのほか時間がかかり、かつ重労働であった。現在では機械で乾燥まですることが多いが、太陽と風で自然に乾燥させた米は甘み香り共に強いという。

稲ぼっち《いねぼっち》

稲架を使わずに稲を自然乾燥させる方法。「ぼっち」には、帽子や突起物という意味がある。刈った稲を束にして田んぼの中に立てておく方法で、下手な人が作ると倒れてしまい、技術を要する。今では稲ぼっちを見る機会も経験者も少なくなりつつある。

脱穀《だっこく》

乾燥させた稲の穂先から籾《もみ》を落とす作業。古くは**千歯扱《せんばこ》き**や**足踏輪転機《あしぶみりんてんき》**などの手動の農具を使っていたが、現在はコンバインなどで刈り取りながら同時に**脱穀**まで行うことが多い。

仰木（滋賀県）

仰木（滋賀県）

藁ぼっち　わらぼっち

以前は、籾を取り去った後の稲の茎は積み上げて乾燥させた。これを**藁ぼっち**という。「藁を取って米を捨てた」と大袈裟にいわれるほど、稲藁は農家にとって大事なものだった。縄、筵《むしろ》、俵《たわら》、草鞋《わらじ》、藁沓《わらぐつ》などの材料や堆肥の原料、牛馬の飼料など実に幅広く利用された。

刈田　かりた

稲を刈り取った後の田んぼ。それまでの賑《にぎ》やかさはどこへやら、残された切り株ばかりが整然と並んで寂しい眺めである。しかし、刈田の広々とした空間は、子どもたちの格好の遊び場。野球や**藁ぼっち**の間のかくれんぼなど、暗くなるまで遊ぶ。

仰木（滋賀県）

落穂拾い

おちぼひろい

稲刈り後には、田んぼや畦道に落ちこぼれた穂が残される。子どもたちは、一粒の米でも粗末にすると田の神様の罰が当たると教えられていた。学校帰りの**落穂拾い**は、子どもたちの大事な仕事の一つ。

赤蜻蛉

あかとんぼ

体が**赤っぽいトンボ**のこと。夏から秋にかけて多く見られるが、中でも黄金色の田んぼの上を群れ飛ぶ姿が美しい。代表的な**赤蜻蛉**にアキアカネがいるが、このトンボは刈田の水たまりに集団で盛んに産卵し、卵で冬を越して春に孵《かえ》る。

穭

ひつぢ

切り株や木の幹から伸び立つ新芽のことを**孫生《ひこば》え**というが、特に稲の切り株から出た芽のことを**穭**と呼ぶ。穭が一面に出た田は**穭田**。放っておくと痩せた穂が出たりするが、舞い降りたガンやハクチョウなどが喜んでついばむ。

待ちかねて雁の下りたる刈田かな　一茶

饗事

あえのこと

稲刈りが無事終わると、田の神様に豊作を感謝する行事が各地で行われた。石川県奥能登地方に古くから伝わる**饗事**は、収穫の感謝と来年の五穀豊穣を祈願するため、田の神様を家の中に迎えてご馳走でもてなす。ひと冬を共に過ごし、翌春田んぼに送られる。国の重要無形民俗文化財。

猪垣《ししがき》

イノシシは普段は山にいるが、秋になると人里に出て田畑を食い荒らすことがある。かつては、山際に石垣を延々と積み上げその侵入を防いだ。この**猪垣**は今でも残っているところがある。高さは一メートルほどのもので、イノシシは乗り越えず段差に沿って進む性質があるという。

鼠浄土《ねずみじょうど》

ネズミには農作物を食い荒らす悪いイメージがあるが、その繁殖力の旺盛さに関しては畏敬の念が抱かれ、豊作や子孫繁栄をもたらすものとして大事にされることもあった。『鼠浄土』は、地下にあるネズミの楽園を訪ねて財宝をもらう昔話。

ニホンイノシシ

仰木（滋賀県）

町田市（東京都）

ニホンアカガエル

冬田《ふゆた》

生きもので溢《あふ》れていた田んぼも、冬は静寂に包まれる。しんと静かに雪が降り積もったりしている。雪の下、泥の中には春を待つカエルやドジョウが体を丸めて長い眠りについている。サギはそれをよく知っていて、お腹《なか》がすいたらやってきて泥をほじくり返して食べる。

小春日和《こはるびより》

晩秋から初冬にかけての、まるで春のようにぽっかり暖かく穏やかな日のこと。島崎藤村は『千曲川のスケッチ』の中で、「この地方での最も忘れ難い、最も心地の好い時の一つ」としている。冬の初めのころ、穏やかに晴れた空は**小春空《こはるぞら》**。

赤蛙《あかがえる》

谷津田のように冬でも水がある田んぼでは、早いところだと一月ごろからカエルの卵が見られる。手が切れそうなほど冷たい水の中、こんなに早く産卵するのは体の色が赤茶色のアカガエルの仲間だ。このカエルが産卵に訪れたら春ももう間もなく。

せせらぎの章

Sound of a Stream

用水路や溜め池、小川や湖、湿原など、里山にはたくさんの水辺がある。

人々はその水を田畑に利用する。

水深や生える植物などに違いがあり、その様子は千差万別。

それぞれの環境に合った生きものが暮らす。

雪消の水《ゆきげのみず》

雪解け水のこと。**雪汁**《ゆきしる》や**雪代水**《ゆきしろみず》ともいう。春になるとそこら中でちょろちょろと水の流れる音がする。雪が解けてぬかるみになった道は**雪解道**《ゆきげみち》。山に積もった雪はゆっくり解けて川に流れ出し、やがて田んぼに辿《たど》り着く。雪は、その年の米作りの大切な水資源。

どこかで「春」が生まれてる、／どこかで水がながれ出す。

百田宗治　童謡『どこかで春が』

春の川《はるのかわ》

春の小川はさら〱いくよ。／蝦《えび》やめだかや小鮒《こぶな》の群れに、／今日も一日ひなたに出でて／遊べ遊べとささやきながら。

高野辰之　文部省唱歌『春の小川』

春の川は雪解け水を加えて水嵩《みずかさ》を増し、とうとうと流れる。ようやく川岸の草が芽生え、生きものも動き出す。

乗込《のっこみ》

春、水が温かくなってきたころ、水中の生きものはいよいよ本格的に動き出す。フナは産卵や採餌《さいじ》のため、物凄い勢いで用水路や水田に押し寄せる。釣り人はこの現象を**乗込**と呼んで待ち望んでいる。このころは一番よく魚が釣れる時期であるという。**乗込鮒**《のっこみぶな》は春の季語。

水温む《みずぬるむ》

寒さが緩み雪も解け始めたころ、池や沼の水草の芽生えや、底に潜んでいた魚が動き始めることで**水温む**のを知る。水中の春の訪れを真っ先に見つけた子どもたちは、寒風もなんのその、途端に活気づく。

春風《はるかぜ》

痛いほどに冷たかった寒風も、いつの間にか柔らかい春の日差しとともに、暖かく長閑《のどか》な軟風に変わる。

風は木ごとに言っていた、／もうじき春の来ることを。／ちゃっちゃが鳴いて谷あいの／雪もすっかり消えること。

巽聖歌　童謡『風』

フキノトウ

オタマジャクシ（モリアオガエル）

あしたか

池や川の淀みなどで、すいすいと水面を移動する**アメンボ**の別名。**水馬**《あめんぼ》とも書く。細長い肢《あし》全体に細かい毛が密生しているおかげで、水の表面張力が働いて水面上に立つことができる。飴のように甘い匂いで、体つきは棒のようというところから**飴棒**《あめんぼ》と呼ばれ、古くから親しまれた。

水馬赤いな、ア、イ、ウ、エ、オ。／浮藻《うきも》に小蝦もおよいでる。
北原白秋　童謡『五十音』

森青蛙　もりあおがえる

普段は森の木の上で生活し、体が青いのでこの名が付いた。このカエルの産卵方法は変わっている。池や田んぼの水面上に張り出した木の枝に、白い泡に包まれた卵を産みつける。オタマジャクシが孵化《ふか》すると、下に広がる水面に次々と落下する仕組みだ。

葦登《よしのぼり》

頭が大きく口も大きい。その上**腹びれの変形した吸盤**を持つ、ちょっと風変わりな魚である。吸盤を使って濡れた岩をよじ登る様子から、「葦にも登る」という意味でこの名が付いた。実際ヨシに登る様子は観察されていない。身近に見られる川魚の一つで、佃煮などの食用にされる。

菖蒲湯《しょうぶゆ》

五月五日の端午の節句には、ショウブの葉を湯船に浮かべて入浴する風習がある。ショウブの葉には、邪気を祓《はら》い心身を清める力があるという。菖蒲の繁みに隠れることで、鬼になった嫁が近寄れず、命拾いをした男の昔話は『食わず女房』。

トウヨシノボリ

オンネトー（北海道足寄郡）

月華《げっか》

月は太陽の光を反射して光る。昼間でも月の見えることがあるが、本家の強烈な光には敵《かな》わずその影は薄い。しかしひとたび夜になれば、太陽に代わり辺りを冷え冷えと照らし出す。月の光は、**月光**、**月華**、**月明**《げつめい》ともいう。

西浅井町（滋賀県）

茜空《あかねぞら》

朝焼けや夕焼けの光を受けて茜色に染まった空や雲を、**茜空**、**茜雲**と呼ぶ。茜色は、蔓《つる》性の植物アカネの根を煮出して染めたやや沈んだ赤。日本では他に、ベニバナの花を発酵・乾燥させたものが、紅色の染料に利用された。

伊豆沼（宮城県）

薄明《はくめい》

日が昇る直前や日が沈んだ直後、太陽が出ていなくても天が薄ぼんやりと明るいことをいう。空気中の分子や水滴などが、地平線の下の太陽光を散乱させて起きる。朝の場合は、これから夜が明ける期待感を、夕方ならば一日の終わりを寂しさと共に感じる。

夕間暮《ゆうまぐれ》

夕方、辺りがだんだん薄暗くなってくると人の顔などが判別しづらくなる。そのころの時間帯を**夕間暮**や**黄昏**《たそがれ》という。黄昏は、相手の顔がよく見えず「誰《た》そ彼《かれ》は」と問いかける言葉から生まれた。

夏の川《なつのかわ》

川岸の草木は鬱蒼《うっそう》と生い茂り、川面に感じのよい影を落とす。深みには黒い魚影が見える。**夏の川**の水は心地好く、足をつければ火照《ほて》った体を鎮めてくれる。水に触れるのが何より気持ちのよい季節だ。

牛馬冷やす《ぎゅうばひやす》

暑い日差しの下、共に仕事をした牛や馬を池や川の浅瀬に引き入れ、脚を冷やしながら全身の汗や汚れを落としてやること。牛馬も気持ちよいのか目を細める。機械化以前の里山で見られた優しい光景だ。

冷し馬の目がほのぼのと人を見る
加藤楸邨

河童天国《かっぱてんごく》

夏の河原や田んぼの脇を流れる用水路は、子どもたちの大好きな遊び場。夏休みになると毎日素っ裸になって、歓声を上げながら深い淵に飛び込んだり、カエルやザリガニをつかまえたりして、一日中遊ぶ。映画『絵の中のぼくの村』は、双子の絵本作家田島征《ゆき》彦《ひこ》・征三《せいぞう》の高知県での少年時代を描いた自伝的作品。

水切り《みずきり》

水面に向かって石を投げ、**水面で石を跳ねさせる**遊び。何回切ったか、どこまで飛んだかを競う。今度こそはもっと遠くへと、日が西に傾くまで何度も何度も繰り返す。誰でも一度はやったことのある遊びだろう。

針畑川（滋賀県高島市）

笙の川（福井県敦賀市）

アメリカザリガニ

マッカチン《まっかちん》

体が**赤いアメリカザリガニ**の愛称。昼間は池や田んぼ脇の用水路などに潜み、夜になると動き出す。昔から子どもの遊び相手で、ザリガニ釣りをしてつかまえた。棒に煮干しなどのエサを付け、ザリガニのいそうな淀みに垂らす。ザリガニがはさんだところをそっと釣り上げるというもの。

秋津《あきづ》

トンボのことを古くは**秋津**と呼んだ。日本は『万葉集』に**秋津洲**《あきづしま》と詠まれたほどトンボの多い国。昔から身近な昆虫として親しまれ、一九一三年創業のトンボ鉛筆は、商標のデザインに使用した。現在日本では、約二百種のトンボを見ることができる。

とんぼのめがねは／水いろめがね／
青いおそらをとんだから
額賀誠志　童謡『とんぼのめがね』

ヤンマ釣り《やんまつり》

夏の夕方、ヤンマはカなどの昆虫を食べるため一斉に飛び始める。子どもたちはソレ！　や、ホーエン！　などという掛け声と共に、昼間作っておいた仕掛けをヤンマの目の前に投げ上げ、飛んでいるヤンマを搦《から》め捕る。ヤンマとは、ヤンマ科に分類される**トンボ**の総称。

猩猩蜻蛉《しょうじょうとんぼ》

猩猩とは中国の伝説上のサルに似た動物で、人語を解し赤い顔をしているという。日本でも各地の伝説や昔話に登場し、赤みの強い色彩を持つ生きものには、しばしばショウジョウという名が付されることがある。その名の通り、このトンボのオスは全身が真っ赤。

ショウジョウトンボ

蜻蛉玉《とんぼだま》

穴の開いたガラス玉のことで、トンボの複眼に見立てたため**蜻蛉玉**といわれる。ガラスは、古い時代にエジプトなどで発明された。日本では、仏教美術と深く結びついており、一般の人はまず目にすることがなかったという。

源五郎《げんごろう》

背面は緑がかった光沢のある黒色で、左右の黄色い縁取りがスタイリッシュ。横から見ると碁石のような形をしていて、船のオールのような形の肢《あし》を使ってよく泳ぎ回る。かつては食用にされるほど多く見られたが、近年生息環境の変化で数が激減し、準絶滅危惧種に指定されている。

太鼓打虫《たいこうち》

池や沼、田んぼなどの水の中にすむ昆虫で、前肢《ぜんし》を交互に動かす様子が太鼓を叩くように見えることから**太鼓打虫**や**太鼓叩き**と呼ばれた。この昆虫の体長は三〜四センチで、泥の中に潜っていることも多い。小さな昆虫の仕草を、このような名前で表現した昔の人の観察眼は素晴らしい。

ゲンゴロウ

ゲンジボタル

河童虫《かっぱむし》

日本の水生昆虫の中では最大で、体長は六センチ前後。自分の体より大きい獲物も狙う、水中の王者**タガメ**の別名だ。昆虫少年憧れの的で、**みずがっぱ**や**どんがめ**など、愛称も多い。かつては、各地の池や田んぼで普通に見られたが、現在は絶滅危惧種に指定されている。

蛍狩り《ほたるがり》

ホーホー蛍こい／あっちの水は苦いぞ／こっちの水は甘いぞ

わらべうた「秋田」『ホーホー蛍こい』

初夏の夜ちかちかと明滅しながら浮遊するホタルは、古くから人気がある。現在でも夏の風物詩としてニュースなどでも毎年取り上げられ、保全への試みも日本各地で行われている。

東彼杵町（長崎県）

カワセミ

渓流の宝石

けいりゅうのほうせき

カワセミはコバルトブルーの鮮やかな体色が大変美しく、**渓流の宝石**と称えられる。和名は、**翡翠**と書いてカワセミと読む。古くは**鴗鳥**《そにどり》と呼んだ。川や湖、池などの水辺に生息し、繁殖期にはオスがメスに食べ物をプレゼントする求愛行動が知られている。

クサガメ

蓑亀

みのがめ

「鶴は千年亀は万年」といわれるように、亀は万年の齢《よわい》を保つといわれ、鶴と共にめでたい動物として尊ばれている。甲羅に苔などがたくさん生えた亀は**蓑亀**や**緑毛亀**《りょくもうがめ》と呼び、特に珍重された。長寿のことを**亀の命**ともいう。

蟹淵《かにぶち》

カニは脱皮をして大きくなることから、若返りや復活の象徴とされた。また川や沼、沢などに生息するサワガニは水の霊と考えられ、**蟹淵**や**蟹沢**、**蟹掛け堂**という名称の土地が各地に残っている。猿に餅を騙し取られた蟹が、栗、蜂、牛糞、臼などの援助を得て猿に仇を討つ昔話は『猿蟹合戦』。

沼蝦《ぬまえび》

名前の通り、沼や池、川などの淡水域に生息する小さなエビの仲間。汚染に弱いので、水が汚れるとすぐにいなくなってしまう。ヌマエビが見られる環境は豊かな自然が残っているところ。

サワガニ

葦原の国

あしはらのくに

アシの生い茂る国の意味で、**日本**の異称。水辺に葦原を作る植物アシは、音が悪しに通じるとして反対のヨシと、古くに言い換えられたといわれる。背高く密生し、多くの生きものの隠れ家やすみかとなる。小さな鳥たちにも具合の良いねぐらになり、ツバメなどが集団で夜を過ごす。

葦簀

よしず

まっすぐに伸びたヨシの茎は、軽くて丈夫な棒として古くから様々に利用されてきた。ヨシの茎を編んで作った簾《すだれ》は特に**葦簀**と呼ばれ、現在でも夏の強烈な直射を遮るため、窓辺に吊るされているのを見かける。ヨシは他にも屋根を葺《ふ》く材料になったり春の新芽を食べたり、ちまきを包むのには葉が使われる。

神野新田町（愛知県）

ヨシゴイ

煩悩鷺《ぼんのうさぎ》

ぱっとともるマッチの火に照らされたお民の顔は、気味悪くこわばっていた。どこかで、煩悩鷺がほうほうと鳴いた。　下村湖人『次郎物語』

ヨシ原などの湿地や湖、池にすむ**ヨシゴイ**の別名。薄明時や夕方に活動する。驚くとくちばしを上に向けて首を伸ばし、じっと動かなくなる。こうすると、首の縦縞がヨシの茎に紛れて目立たなくなる。風が吹いてヨシが揺れると、それに合わせて体を左右に振る芸当も併せ持つ。

行行子《ぎょうぎょうし》

ギョギョシギョギョシという鳴き声から付いた**オオヨシキリ**の別名。ウグイスよりやや大きい程度の小鳥だが、大きな声で賑《にぎ》やかに鳴く。日本にはアシ原などに飛来し、水辺に夏の到来を告げる。**葦原雀**《あしはらすずめ》や**葦雀**《あしすずめ》ともいう。

灯心草《とうしんそう》

湿地や浅い水中に自生する植物で、**イグサ**の別名。その茎を乾燥させ畳表に利用されるのは良く知られるが、和蠟《わろう》燭《そく》の芯に使われたことから**灯心草**という名がある。イグサの茎から髄《ずい》と呼ばれる部分を取り出し、和紙に巻き付けたものが和蠟燭の芯となる。

イグサ

ガマ

蒲黄《ほおう》

ガマは湿地や池などの水辺に直立して生え、夏に茎の頂きに円柱形の穂を付ける。ガマの花粉は**蒲黄**と呼ばれ、乾燥したものをかつては止血剤に用いた。『古事記』の中の説話『稲羽《いなば》の素兎《うさぎ》』には、毛皮をむしり取られた兎が、蒲《がま》の穂の上に寝転ぶと傷が癒《い》えたというくだりがある。

ミソハギ

精霊花《しょうりょうばな》

湿地や水路際などに群生し、お盆のころ紫色の花を咲かせる。盆に仏前に供えることから**盆花**や**精霊花**と呼び、昔から大切にされてきた。子どもが手折って持ち帰ると叱られた。和名の**禊萩**《みそはぎ》とは、この花でお盆のお供え物に水をかけ禊《みそ》ぐ風習に由来する。

バイカモ

梅花藻《ばいかも》

湧き水や、きれいな小川に自生する常緑の水草。夏に水面上に咲く花が、梅の花に似ることからこの名が付いた。**梅鉢藻**《うめばちも》や**金魚草**《きんぎょぐさ》、**川松**《かわまつ》ともいう。かつては、冬の時期の貴重な青物として食べられていたが、現在では水が汚れると途端に絶えてしまい、数を減らしている。

沼縄《ぬなわ》

池や沼に生育するスイレンの仲間の水草で**ジュンサイ**の古名。茎や葉柄《ようへい》、新芽などが寒天質の粘液で厚く覆われることから、**滑菜葉**《ぬなは》が語源ではないかともいわれる。春に出る若芽は小舟で収穫され、日本料理の食材として珍重される。

ジュンサイ

霧の声《きりのこえ》

霧は、空気中の水蒸気が冷やされて小さな水の粒になって浮かんでいるもの。雲の定義と同じだが、地上に接しているか否かで呼び名が変わる。霧は、地上に降りた雲だ。立ちこめた霧を通して聞こえてくる川の水音などを**霧の声**という。

数珠玉《じゅずだま》

光沢のある実を、子どものころ夢中で集めた人は多いだろう。ジュズダマは水辺や野に生育するイネ科の植物で、仏具の念珠《ねんじゅ》を作るのに実が使われていたことからこの名が付いた。黒い表面はつやつやと光って堅い。女の子が喜んで集め、糸を通して首から下げたりお手玉の中身にしたりして遊ぶ。

裏磐梯（福島県）

菱刺し《ひしさし》

布が貴重だったころ、人々は着物に細かい刺繍《ししゅう》を施して、耐寒性や耐久性を高めた。東北地方で刺繍の技法と装飾性が向上し、中でも青森県の**こぎん刺し**や**菱刺し**は菱繋《ひしつな》ぎ文様に特色がある。菱形はヒシという名の水草にちなみ、ヒシはその葉も実も菱形。

秋の池《あきのいけ》

秋の高い空の下、澄んだ水を湛《たた》えた爽やかな池が広がる。台風も遠のき日増しに澄んでいく水面は、色づいた木々や周りの山々の姿を映し込む。澄んだ水と映った紅葉には、静寂と華を感じる。

尾瀬（群馬県）

渡り鳥《わたりどり》

秋の水辺にぞくぞくと舞い降りる**ガン**や**ハクチョウ**の姿は、毎年季節の移り変わりを感じさせてくれる。かれらが集まる池や沼などを含む湿地は、開発の対象とされやすく、年々数を減らしてきた。一九七五年発効の国際間の取り決め「ラムサール条約」により、日本でも三十七ヶ所の湿地が保全・保護の対象となっている。

雁渡し《かりわたし》

元々は風と関わりの深い漁師の言葉で、秋の初めから中ごろにかけて吹く**北風**のことを指す。北方から渡り鳥がやってくる時期でもあり、この風に乗ってガンがやってくるという優美な表現だ。この冷たい北風で海が荒れることもあるため、漁師は特別に名前を付けたのだろう。

女取川（山梨県小淵沢町）

冬の川《ふゆのかわ》

冬になると、川の水はやせ細り滝なども糸のように細くなる。岸の草は、枯れ葉色で荒涼としている。北国では、春の雪解けまで雪が川を隠すこともある。そんな川の深みでは、魚たちがじっと動かず、遠い春を待ちわびているだろう。

氷の花《こおりのはな》

冬は寂しい季節だが、氷の芸術作品が見られる時期でもある。池の水面などに薄く張った氷は、セミの透明な翅《はね》のようだから**蟬氷**《せみごおり》、氷面に物影が映って鏡のような様子は**氷の鏡**という。**氷の花**は、氷面にできた模様を花に喩《たと》えて呼んだもの。霜が降りて様々な文様になったものは**霜の花**と呼ぶ。

鴨おりて水まであゆむ氷かな　嵐雪

掻掘《かいぼり》

田んぼに水を供給する大切な溜《た》め池は、農閑期《のうかんき》の冬になると共同で掃除が行われる。池の水を抜き、底に溜まったヘドロなどを取り除く作業で**掻掘**と呼ぶ。かつてはたくさんのウナギやナマズ、フナなどがすんでいて、老いも若きも泥まみれになって、魚捕りに活気づいた。

マガモ

日溜まりの章

農作業用に整備された農道や畦、草地には、
太陽の光がたくさん降り注ぐ。
定期的に草刈りが行われるのでいつでも明るく、
広々とした場所を好む生きものが暮らす。

Touch of the Sun

雪間草　ゆきまぐさ

雪が解け始め、所々に黒い地面が顔を出すと、野山にもようやく春が訪れる。太陽の光を感じて、地面の隙間に真っ先に萌え出た草々のことを**雪間草**という。雪の深い地域では、この小さな緑に、長い冬から解放された喜びを強く感じる。

春の野　はるのの

雪が消え日差しが日毎に増してくると、草は次々に萌え花は様々に咲き始め、鳥はおずおずとさえずりの練習を始める。**春の野**は、急に賑《にぎ》やかになり遊意を誘う。

ましろに、みえし、ゆき、きえて、／のは、おもしろく、なりにけり。／草も、はえ、木も、めばり、／ひばりなき、ちょうも、とぶ。

田辺友三郎　文部省唱歌『春の野』

雀隠れ　すずめがくれ

早春に萌え出た草々が、スズメの身が隠れるほどに伸びた様子をいう。地上で食べ物を探すことの多いスズメにとっては、好都合だ。

スズメ

青き踏む　あおきふむ

冬の間、寒さのために閉じこもっていた人々が、待ちに待った春の到来に喜び陽光の中へ飛び出していく。春の光を浴びながら、青々とした柔らかい草の芽を踏んで遊ぶことを**青き踏む**という。足の下に感じる瑞々しい草の芽は、長い冬が終わったことを実感させてくれる。

春雨　はるさめ

しとしとと長く降り続く春に降る雨。三～四月ごろに多く、しっとりと優しく降るこの雨は、植物の芽を吹かせ花の蕾《つぼみ》をほころばせる。

春雨や蓬《よもぎ》をのばす草の道　芭蕉

フクジュソウ

相撲取草
すもうとりぐさ

うつむき加減に咲く可憐なスミレは、ついつい手折《たお》って愛でたくなる。花を引っかけて引っ張り合い、どちらのスミレが切れないで長持ちするかを競う子どもの遊びから、**相撲取草**や**相撲花**とも呼ばれる。

タンポポ水車
たんぽぽすいしゃ

昔の子どもは、遊びの天才。タンポポにも、何種類もの遊びがあった。茎を持って花をぶつけ合う少々乱暴な男の子の遊び、首飾りを編む女の子の遊びは定番。茎の両端に切れ込みを入れて水につけると、その部分が反り返る。それに細い枝を通して水路にかざしたら、**タンポポ水車**のでき上がり。

スミレ

畦青む
あぜあおむ

畦の草が伸びて青々としてきた様子。しばらくすると田んぼの仕事が始まるころだ。

ツクシ

摘草
つみくさ

野辺は春風そよそよ吹いて／土筆《つくし》ついつい／よめなもまじる／一つ見つけたすみれを摘めば／籠にむらさき春の色　　文部省唱歌『摘草』

春の野に出かけて、食べられる野草や愛らしい草花を摘む遊びを**摘草**という。ツクシやスミレやタンポポなど、色とりどりの草花を摘んでブーケにするのは、長閑《のどか》で幸せなひととき。

土の筆
つちのふで

早春の畦や土手には、小人のクレヨンのようなツクシが何本も林立する。これを土から伸びた筆に見立て、**土の筆**や**筆の花**という。頭の部分をよく見ると、小さな六角形の笠がたくさん並んでいる。ツクシはスギナの胞子茎《ほうしけい》で、風が吹くとこの笠の下からたくさんの胞子を飛ばす。

コハコベ

はこべら

春の七草の一つハコベは、野原や道端でよく見かける小さな草。かつてはよく食用にされた。催乳《さいにゅう》作用があり、産後の婦人に良いという。胃腸にも良いとされ、おせち料理で疲れた胃を休める効果がある**七草粥**《ななくさがゆ》は、理に適《かな》った昔の人々の知恵である。

蛙葉《かえるば》

オオバコの別名。学名に**足の裏**という意味があり、踏みつけられても元気に育つ丈夫な草。葉や茎に強い繊維があるためで、この性質を利用した古くからの遊びに、茎や葉の引っ張り合いがある。「死んだカエルの上にオオバコの葉をのせると生き返る」という不思議な言い伝えもある。

紅娘《てんとうむし》

テントウムシは、プラスティックにラッカーで描いたようなポップなデザインで、虫嫌いの人にも好まれる。春を象徴する昆虫だ。アブラムシなどの農作物につく虫を食べる種類は、近年では農薬を使う代わりに利用されている。

ナナホシテントウとオオイヌノフグリ

星の瞳《ほしのひとみ》

日当たりの良い畦《あぜ》などに群生するオオイヌノフグリは、**瑠璃唐草**《るりからくさ》や**星の瞳**と呼ばれる。コバルトブルーの小さな花をよく見ると、花びらの大きさが一枚だけ違う。神様がいたずらしたようだ。この花の上で、テントウムシが遊んでいるのをよく目にする。

矢筈豌豆《やはずえんどう》

和名より別名の**カラスノエンドウ**の方が、なじみが深い。日当たりの良い畦や土手などに群生するマメ科の植物で、莢《さや》ができる。莢の色がカラスの羽のように真っ黒なことから、別名が付いた。一回り小さい別種にスズメノエンドウがあり、カラスとスズメが仲良く並んで生えていることがある。

ソングポスト《そんぐぽすと》

春になると様々な鳥が、声高らかにさえずりを始める。みな小さい体からは想像できないほど大きな声で盛んに鳴く。野原にぽつんと立つ杭や木の梢など、目立つ場所で鳴くことが多く、そのような場所を**ソングポスト**という。

雲雀笛《ひばりぶえ》

空高く舞い上がる飛翔。複雑で美しい歌声。人々は、古くからヒバリに心惹かれてきた。ヒバリをおびき寄せるのに用いられたのが、鳴き声に擬して作られた**雲雀笛**。『雲雀と借金』は、雲雀が貸したお金をお日様が返してくれないので、催促のため毎日鳴きながら天に昇るという昔話。

青葉路《あおばじ》

初夏の青葉に包まれた、野山の道のこと。青々とした若葉が生い茂り、生気みなぎる様子。若葉は見ても触れても瑞々しく、目にも優しい。青葉のころの空は**青葉空**、青葉をひるがえして吹き渡る強い風は**青嵐**という。

ホオジロ

雉子の母衣打《きじのほろうち》

キジのオスは、春の繁殖期にはケンケンと鋭く鳴き立て、翼を震わせて勇ましい音を立てる。**雉子の母衣打**という。普段は草むらの中に隠れていることが多い。**雉子の草隠れ**とは、隠れたつもりでも長い尾が出てしまっている様子のこと。昔話の『桃太郎』では、鬼退治のお供をして活躍する。

キジ

飼葉切り《かいばきり》

昭和三十年代半ばに農業機械が普及するまで、牛馬は農家の大切な労働力だった。餌となる草は、毎朝近くの草地で刈って与えた。この**飼葉切り**は、子どもや若者の大切な日課。夏には誰よりも早く起きて、柔らかい草が刈れる良い場所を確保したという。

土竜打ち《もぐらうち》

モグラは、童話や絵本で愛嬌あるキャラクターになることが多いが、農家では嫌われ者。田んぼ周辺の畦《あぜ》は大好物のミミズが豊富で、モグラには絶好の生息環境。丁寧に作った畦に、せっせと穴を開けてしまう。農家にはモグラを追って豊作を祈願する**土竜打ち**という行事が残っている。

木曽町（長野県）

桜川市（茨城県）

マキノ町（滋賀県）

夕立

ゆうだち

夏の午後から夕方にかけて降る俄雨《にわかあめ》のこと。夏の風物詩の一つで**白雨**《はくう》ともいう。短時間に景色が白く煙るほどの激しい雨を降らせ、雷を伴うこともある。雨が上がると気温が下がり、過ごしやすくなることが多い。

夏野

なつの

夏草の繁茂する野原。強烈な日差しの中、濃い緑の草々が生い茂り、頭上には群青色の空が広がる。夏の灼けつくような暑い空は**炎天**という。

草熱れ

くさいきれ

生い茂った草むらが夏の強い日差しを受けると、熱気とむせ返るような匂いを発する。これを**草熱れ**という。子どものころ原っぱで遊んでいて、むわっと息苦しくなったことを思い出す。

雲の峰

くものみね

夏空に浮かぶ巨大な積乱雲は、日差しの強いときに激しい上昇気流が起こって生まれる。夏の真っ青な空を背景に、真っ白な巨大な雲がそびえているのは壮大な眺めだ。**雲の峰**という名がふさわしい。**入道雲**、**坂東太郎**《ばんどうたろう》、**丹波**《たんば》**太郎**《たろう》、**比古太郎**《ひこたろう》とも呼ばれ、たくましく屹立《きつりつ》する姿は男性的。

雲の峰土手行く人を呑まんとす　佐藤紅緑

蚊遣草 かやりぐさ

干したヨモギを燻《いぶ》すと、カが寄ってこないという。かつては、カを追い払うため他にもマツやスギ、カヤの葉を燻した。このような草や葉のことを**蚊遣草**という。除虫菊《じょちゅうぎく》が最も効果が高く、一八八五年創業の大日本除虫菊（商標は金鳥）が初めて蚊取線香を作った。

酸模 すかんぽ

土手や道端などに生え、茎に赤みを帯びた植物**イタドリ**の別名。若い茎は手《た》折《お》るとポンと音がして、しゃぶると酸っぱい。学校の行き帰りなど子どもの道草のお供だった。

土手のすかんぽ、ジャワ更紗《さらさ》。／昼は螢《ほたる》がねんねする。／（略）／すかんぽ、すかんぽ。川のふち。／夏が来た来た、ド、レ、ミ、ファ、ソ。

北原白秋　童謡『酸模の咲く頃』

月草 つきくさ

露草という和名は、朝花が開いて昼にはしぼむところが朝露を連想させるので付いた。『万葉集』では、**月草**という美しい別名で登場する。他にも**蛍草**や**帽子花**など風流な名が多いのは、その花の清楚な佇《たたず》まいからだろう。花の青い色素はすぐ退色する特徴があり、友禅《ゆうぜん》や絞染《しぼりぞめ》の下絵を描くのに重用される。

提灯花 ちょうちんばな

ホタルブクロの別名。夏になると日当たりの良い道路脇や草地のあちこちに、吊り鐘形の大きな花を咲かせる。和名の由来には、花にホタルを入れたという説や、花を火垂る袋（提灯）に喩《たと》えたという説がある。**風鈴草**《ふうりんそう》、**狐**《きつねの》**提灯**ともいう。

ツユクサ

ピーピーナ ぴーぴーな

真夏に、畦《あぜ》や道端などで燃えるような黄赤色の花を咲かせる**ヤブカンゾウ**の別名。カンゾウは「甘草」の意味で、若い芽は甘く食用にされた。出たばかりの若い葉の根元の部分の一枚をとり、吸って笛のように鳴らしたことから**ピーピーナ**とも呼ぶ。

ヤブカンゾウ

道おしえ《みちおしえ》

日当たりの良い道端などで、輝く小さな虫を見つけることがある。何だろうと近づくと、飛んで数歩先に降り立つ。もう一度近づくと、また少し先に飛ぶ。どこかに案内されているようで、**道おしえ**や**道しるべ**と呼ばれる。和名は**ハンミョウ**。碧緑色《あおみどりいろ》の金属光沢が美しい美術品のよう。

草の戸を立出づるよりみちをしえ　高野素十

キチキチバッタ《きちきちばった》

草原はバッタの宝庫。分け入ると、ぴょんぴょんあちこちで飛び跳ねる。ショウリョウバッタは、飛ぶときにキチキチと翅《はね》を打ち合わせて鳴らすので**キチキチバッタ**と呼ばれ親しまれた。

きちきちといはねばとべぬあはれなり　富安風生

ハンミョウ

オオカマキリの幼虫

蜘蛛合戦《くもがっせん》

クモはハエなどを食べてくれるが、その姿形で嫌われることが多く損をしている。古くは霊力を持つとされ、「朝蜘蛛は吉事の前兆」とする俗信などが生まれた。子どもたちは、クモを手塩にかけて飼育し、棒の先などで友人のクモとけんかをさせ、勝負を競う**蜘蛛合戦**に夢中になる。

拝み太郎《おがみたろう》

草原や林の周りなどで普通に見られる昆虫。鎌状の前肢《ぜんし》で他の虫をうまく捕える様子から、**カマキリ**という和名が付いた。また拝むような格好をするので**拝み太郎**という愛称もあり、逆三角形の頭をこきこきと傾ける様はユーモラスだ。

月の雫《つきのしずく》

夜明け前気温が下がったときなどに、空気中の水分が冷やされて草などに露が降りることがある。特に夏の終わりから秋に多い。**月の雫**とは、露の異称。夜の間に月の光が草に宿ったと考えられたのだろう。露にしっとり濡れた草などの下は**露の底**という。

露時雨《つゆしぐれ》

露が一面に降りた野に分け入ると、はらはらと露がこぼれる。その様子を雨に喩《たと》えたのを**露時雨**という。思いのほか、衣服がびっしょり濡れてびっくりするほどである。

ベニシジミ

草の露《くさのつゆ》

明け方に植物の葉の先端や、ぎざぎざした葉の縁に大きな水滴がぽちぽちとついていることがある。空気中の水分が冷やされてついた露と間違えやすいが、植物が排水した余分な水分が、葉の縁についたもの。植物の生きた営みの証。

ワレモコウの葉

香南市（高知県）

花野　はなの

一面に美しい秋の花々が咲き乱れる秋の野のこと。光に満ちた春の野とは対照的に、**花野**は寂しさも感じる。侘《わび》しげで慎《つつ》ましやかな佇《たたず》まいの花が多い。花が枯れ、一層寂しい様子に移り変わった野は**末枯野**《うらがれの》という。

色無き風　いろなきかぜ

草木などを揺らす風の動きや、その趣《おもむき》のことを詩的な表現で**風の色**という。**色無き風**というと、華やかな情感を持たず寂寥感《せきりょうかん》漂う秋の風のこと。

キキョウ

赤まんま《あかまんま》

昔からの子どもの遊びに**飯事**《ままごと》がある。野原や道端に生えていれば、必ず飯事に利用されるのが**イヌタデ**だ。赤い実を赤飯に見立てるのである。**赤まんま**はこの飯事遊びから付いた別名。ありふれた雑草だが、子どもの目には特別な草に映ることだろう。

風船の花《ふうせんのはな》

『万葉集』にある秋の七草の一つ「あさがほ」は**キキョウ**だといわれる。鐘形の花は、星のように先が五裂し、きりっと清々しい印象。子どもがつぶして遊ぶ蕾《つぼみ》は、紙風船のようで愛らしい。英語で**風船の花**という意味の名が付いている。

きりきりしやんとしてさく桔梗《ききょう》かな　一茶

竜胆《りゅうたん》

リンドウは、定期的に草刈りが行われるような明るい草地などに見られる。吹く風に秋の気配を感じるころ、晴天のときだけ美しい紫色の花を咲かせる。根を**竜胆**といい、煎《せん》じて飲むと胃が本来の機能を発揮し、すこぶる健康になるという。

リンドウ

ヒガンバナ

狐花《きつねばな》

夏の花が勢いを失ったころ、土手や畦《あぜ》を真っ赤に染める**ヒガンバナ**の別名。この花には、**曼珠沙華**《まんじゅしゃげ》、**死人花**《しびとばな》、**幽霊《ゆうれい》花《ばな》**、**捨子花**《すてごばな》など別名が多い。気味の悪い名が多いのは、全草に有毒成分があるからだろうか。土手や畦に多いのは、この性質を利用して、モグラが穴を開けるのを防いだからといわれる。

猫じゃらし《ねこじゃらし》

正式には**エノコログサ**だが、**猫じゃらし**と呼ぶ方が通りがよい。道端や草地などに生えていて、学校の行き帰りに歩きながら引き抜いた思い出が誰にでもあるだろう。友達に後ろからそっと近づいて、これでくすぐる悪戯《いたずら》をよくしたものだ。

キンエノコロ

畦火　あぜび

畦は田んぼの水漏れを防ぎ、また作業時の通り道として整備された場所。草が伸びて田んぼに影ができると稲の生育を邪魔するので、定期的に草刈りと畦焼きが行われる。畦を焼くのは、病害虫駆除が目的だ。ぽつぽつと見える**畦火**と立ち上る煙は、里山の風物詩。

畦豆　あぜまめ

畦に植えられた大豆のこと。大豆は水を大量に必要とする作物で、特に開花期に乾くと収量が落ちるという。畦豆は田んぼの方に根を伸ばし、確実に実をつける。今ではほとんど見られなくなった**畦豆**は、畑の大豆より美味だという。

尾花　おばな

ススキには、花穂《かすい》が獣の尾に似ていることから**尾花**という別名がある。オギやチガヤなどと共に、主に屋根を葺《ふ》く材料に用いられる植物の総称として**茅**《かや》とも呼ばれる。秋の野に、群れで風に吹かれる様は物寂しい。宮沢賢治は『風の又三郎』の中で、「風が来ると、芒《すすき》の穂は細い沢山の手を一ぱいのばして、忙《せは》しく振って」と描写している。

稲架木　はさぎ

田んぼの土手に不思議な形をした木が立ち並んでいる。幹には枝がなく、てっぺんには枝が何本も生えている。これは自然の樹形ではなく人が整えた結果。稲を干す台木として使われ、**稲架木**と呼ぶ。現在では、田んぼに日陰を作るなどの理由で少なくなった。

茶草場　ちゃくさば

伝統的な農法を行う茶畑では、ススキを畝《うね》に鋤《す》き込むという。茶の、色と風味が良くなるそうだ。茶畑の周りの採草地は**茶草場**といい、多くの草原性植物が見られる貴重な場所。現在、茶草場は静岡県と鹿児島県に残るのみ。

茅場　かやば

銀色に輝くススキやスゲなどが風に揺れている風景は、秋の野の風物詩。自然のままに放っておくと、やがて木が生え、いずれ林に遷移《せんい》する。かつては、屋根を葺く材料や家畜の餌として、定期的に刈入れをする草原が維持され、**茅場**や**馬草場**《まぐさば》と呼ばれた。

長岡市（新潟県）

ススキ

仰木（滋賀県）

スズムシ

虫聞　むしきき

賑《にぎ》やかだった蟬の声に代わり、いつの間にか秋の虫の音が目立つようになる。まだまだ日中は暑いが、確実に季節が移り変わっていることを虫の音が教えてくれる。秋の気持ちのよい夕暮れには、虫の鳴き声を聞きに野山に出向く**虫聞**という習慣があった。秋の夜長には、ささやかな虫の音がよく似合う。

ちちろ虫　ちちろむし

秋に鳴く虫の代表**コオロギ**の別名。オスの成虫の翅《はね》には、やすり状の発音器があり、これをこすり合わせて鳴いている。リーンリーンと澄んだ声で鳴くのは**月鈴子**《げつれいし》とも呼ばれるスズムシ。チンチロリンと優美な声で鳴くのはマツムシ。**金琵琶**《きんびわ》という別名がある。

あれ松虫が鳴いている。／ちんちろ〱ちんちろりん。／あれ鈴虫も鳴き出した。／りん〱〱〱りいんりん。／秋の夜長を鳴き通す／あああおもしろい虫のこえ。

文部省唱歌『虫のこえ』

郵 便 は が き

お手数ですが、
50円切手を
おはりください。

151-0051

東京都渋谷区千駄ヶ谷 4-9-7

(株) 幻 冬 舎

「里山のことのは」係行

ご住所 〒□□□-□□□□ Tel.(- -) Fax.(- -)			
お名前	ご職業		男
	生年月日 年 月 日		女
eメールアドレス：			
購読している新聞	購読している雑誌	お好きな作家	

◎本書をお買い上げいただき、誠にありがとうございました。
質問にお答えいただけたら幸いです。

◆「里山のことのは」をお求めになった動機は？
① 書店で見て ② 新聞で見て ③ 雑誌で見て
④ 案内書を見て ⑤ 知人にすすめられて
⑥ プレゼントされて ⑦ その他（ ）

◆著者へのメッセージ、または本書のご感想をお書きください。

今後、弊社のご案内をお送りしてもよろしいですか。
（ はい ・ いいえ ）
ご記入いただきました個人情報については、許可なく他の目的で
使用することはありません。
ご協力ありがとうございました。

茅鼠《かやねずみ》

ススキなどの草丈の高い草原にすむ、日本で一番小さいネズミ。草を巧みに編んでボール状の巣を作る。おとなしい性格で、稲を食い荒らすことはない。エノコログサなどイネ科の種子や、バッタなどの昆虫をつかまえて食べる。かつては多数生息していたが、茅場の減少と共に数を減らしている。

鵙日和《もずびより》

キーイッキーイッキキキキと鋭く鳴くモズの高鳴きは、ぴりっとした秋晴れの大気によく似合う。**鵙日和**や**鵙の晴**という。草原や農耕地などに生息するが、様々な鳥の鳴き真似をして複雑にさえずることから、舌が百枚あるという意味で**百舌鳥**とも書く。

モズ

南佐久郡（長野県）

枯野《かれの》

草が枯れ、霜が降り、虫の音も絶えて生きものも見つけられない。うら寂しい冬の野である。

旅に病《やん》で夢は枯野をかけ廻《めぐ》る　芭蕉

風花《かざはな》

晴れている空にちらつく雪のこと。山では雪が降っているのだろう。雪片が風に送られて晴れている空にも舞ってくる美しい現象だ。

冬籠《ふゆごもり》

木々は葉を落とし、多くの生きものが冬の間活動を休止する。畦《あぜ》の泥の中では、カエルやヘビなどが体を折り曲げた窮屈《きゅうくつ》な姿勢で、まだ遠い春の夢を見ているだろう。冬眠しない生きものにとっては、食べ物の乏しい試練の季節だ。

四万十市（高知県）

木漏れ日の章

雑木林は、落ち葉や薪、炭などの燃料や、

キノコや木の実などの恵みを得るために整備された場所。

自然の森に比べ林床が明るく、

植物の種類も生きものも豊富。

Shining through Foliage

月山（山形県）

ギフチョウとカタクリ

雪のひま
ゆきのひま

春になり空気が暖かくなってくると、地面に積もった雪が消え始め、点々と土が顔を出す。この隙間が**雪のひま**で、**雪間**や**雪の絶え間**ともいう。木の葉がまだ芽吹いていない早春の雑木林は、林床に春の柔らかい日が降り注ぎ、草原のように明るい。

春の妖精
はるのようせい

春まだ浅き雑木林の林床には、春の妖精が花園を作る。ほんの束の間に、一斉に芽吹き花を咲かせ、実を結び枯れてしまう植物が作るお花畑だ。木々の葉が出て陰になるまでに、命のリレーを終える。早春の一時期だけ姿を見せる植物を、英語では spring ephemeral と表現する。意味は、**春先のはかなきもの**や**春の妖精**。

片栗の花
かたくりのはな

その窪地はふくふくした苔に覆はれ、所々やさしいかたくりの花が咲いてゐました。
宮沢賢治『若い木霊』

春の妖精**カタクリ**は、くるりと反転した花弁のかわいらしさと、その儚《はかな》さゆえ不動の人気がある。地下深くに長い茎を伸ばし、地上には二枚の葉と、ただ一輪の花をややうつむき加減につける。種子が芽生えてから花が咲くまで、十年近くもかかるという。

春の女神
はるのめがみ

カタクリの開花と時を合わせるように出現するチョウがいる。黄色と黒の翅《はね》を持つ**ギフチョウ**だ。**春の女神**という美称を持ち、古くは**錦蝶**《にしきちょう》と呼ばれた。一年に一度だけ咲く花と、一年に一度しか発生しないチョウ。この組み合わせは、毎年出会いを約束したようにぴたりと同じ時期に現れる。

田打桜《たうちざくら》

春、他の木がまだ裸のままのころに**コブシ**は無数の白い花を咲かせる。その姿が遠くからでもよく目立つので、この花の咲くのを目安にして田打ちを始める地方が多かった。東北地方の人々はこの木を**田打桜**と呼んだ。

木の芽時《このめどき》

万樹ことごとく芽吹くとき。一度芽吹きが始まると、瞬く間に林は様々な若い色に染められていく。ヒヨドリは待っていましたとばかり、柔らかい若芽をついばみにくる。雑食性のこの鳥は、昆虫や木の実以外に柔らかな花や芽も大好き。**青緑立つ**、**青芽立《あおめだ》つ**とは、春になって新芽が出るという意味。

春一番《はるいちばん》

木の芽がふくらむころ、強い南寄りの風が吹くことがある。この風は木々の芽をほころばせるという。春、最初に吹く強い南寄りの風は**春一番**。この言葉は、元々は漁師が使っていた言葉だが、今では広く一般に使われるようになった。

木の芽起こし《このめおこし》

春、山の木々が芽吹くころに降る雨をいう。木の芽の成長を助ける雨であり、**甘雨《かんう》**ともいう。青葉に降りかかる雨は**翠雨《すいう》**。

昨夜の雨で生まれたか、／今朝の光で育ったか、／赤や緑やさまざまの／色美しい木の新芽。

文部省唱歌『木の芽』

山笑う《やまわらう》

木々の芽吹きは、種類によって色が違う。淡褐、淡緑、淡紅、淡紫、嫩黄《どんこう》などなど。様々な種類の木の芽が芽吹く様子は、山が笑っているようだ。昔の人は絶妙な表現をする。厳しい冬を乗り越えた命の再生を、山が祝福するのだろう。

故郷やどちらを見ても山笑ふ

正岡子規

コブシ

所沢市（埼玉県）

アケビ

鳥とまらず《とりとまらず》

山菜の王者として芽が賞味される**タラノキ**の別名。幹が大小の鋭いトゲで覆われていることから、この別名がある。新芽を摘んで、天ぷらなどにしていただくと美味。

山菜《さんさい》

山は季節ごとに様々な恵みをもたらしてくれる。**山菜**は春の恵み。ゼンマイ、タラノキ、コシアブラなど春に出る植物の若芽には、独特の苦みや灰汁《あく》が含まれる。冬の間眠っていた体を目覚めさせてくれるという。人々は感謝して摘み、来年もまた採れるように、完全に採り尽くしたりはしない。

木の芽《このめ》

サンショウまたはアケビの若芽のことを、特に**木の芽**ということがある。どちらも春に摘み取って食べる。サンショウの芽には強い香りがあり、味噌汁に浮かべたり味噌と混ぜたりして、その独特な香りを楽しむ。花と共に出るアケビの若芽は、お浸しなどにしていただく。

春告鳥《はるつげどり》

ウグイスの別名。春をイメージする鳥といえば、文句なくウグイスであろう。その美声ゆえ最も親しまれてきた鳥だ。初春の鳴き初めのころは、さえずりがまだぎこちない。滑らかに整ってくると、ホーホケキョケキョケキョケキョと誇らしげに続けて鳴くことがある。**鶯《うぐいす》の谷渡り**という。

桜颪《さくらおろし》

花といえばサクラのことを指すほど、日本人に最も愛されている。古くから栽培され、江戸時代以降数々の品種が誕生した。華やかに咲く園芸品種も美しいが、葉と花が共に展開するヤマザクラが里山には似合う。桜は、吹く風に潔く舞い散る様が何とも味わい深く、**桜吹雪**や**桜颪**といって賞美される。

高知市（高知県）

春づく　うすづく

太陽が山の端などにかかって沈むことを**春づく**という。辺り一面が茜色に染まり美しい。夕暮れの中に見える山は、**夕山**や**暮山**《ぼさん》という。

花曇　はなぐもり

サクラの花咲くころは、天気の愚図つく日が多い。どんよりとした曇天に頭痛や目眩《めまい》を起こす人もある。そんな気の晴れない空模様を**花曇**という。冷気が入り込み、薄ら寒い**花冷え**の時期でもある。サクラを愛でているうちに、すっかり体が冷えきってしまうことも少なくない。

みなかみ町（群馬県）

薫風《くんぷう》

緑あふれる新緑のころ、木々の間をそよそよと優しく渡ってくる爽《さわ》やかな南風のことをいう。瑞々しい新緑の芳香を含んだ風を、薫ると感じたのだろう。

光芒《こうぼう》

雲の切れ間から漏れた太陽の光が、下方や上方に向かって放射状に伸びる神々《こうごう》しい現象のこと。**後光**ともいう。早朝や夕方など、太陽が低い位置にあるときに見られ、夕焼けなどと重なるととても幻想的。ヨーロッパでは、下方に伸びる光芒を**天使の梯子**《はしご》と幻想的な名で呼ぶ。

美瑛町（北海道）

国木《くにぎ》

雑木林の代表的な木であるクヌギの名は、**国木**から出たという説がある。古くから薪炭材《しんたんざい》や椎茸の菌を植え付ける原木や染料など、人々の生活に欠かせない木として知られている。現在でもドングリの木や、樹液に昆虫が多く集まる木として親しまれている。

萌芽《ほうが》

植物の芽生えを**萌芽**というが、雑木林には萌芽力の旺盛な広葉樹が多い。クヌギやコナラなどがその代表。切り株からどんどん芽が出て成長も早いので、十〜十五年ほどで伐採できる。薪《まき》や炭の材料として大事に育てられた林は、**薪炭林**《しんたんりん》と呼ばれる。

十薬《じゅうやく》

ドクダミは葉や茎に特有の強い香りがあり、嫌われることが多い。けれど、梅雨時に咲く白い十字の花は、とても可憐で美しい。腫《は》れ物、虫さされ、切傷、洗眼、駆虫、皮膚病、胃腸病など幅広く用いられ**十薬**の別名を持つ。目に美しく体にも良いのに、香りで損をしている。

クヌギ

ドクダミ

鳥黐の木《とりもちのき》

昔の子どもは、トンボやセミを捕るための鳥黐を自分たちで作った。モチノキは、良質の鳥黐がとれるので**鳥黐の木**と呼ばれる。樹皮を石の上で叩きつぶし、川の水にさらして鳥黐を作る。強力な粘着力があり、棒の先などにつけて昆虫や小鳥を捕獲した。

緑陰　りょくいん

夏の日差しがじりじり照りつける中、林に足を踏み入れると涼しく感じる。茂った青葉が日差しを遮り、緑滴《したた》る心地よい**緑陰**を提供してくれる。夏に日陰を得るために植える樹木は**緑陰樹**。

幹高く大緑陰を支へたり　松本たかし

帯解き山　おびときやま

十年で伐採できる薪炭林は、木の成長の良い価値のある山で**帯解き山**と呼ばれる。昔は乳幼児の死亡率が高く、七歳まで無事育つと**帯解き**という祝いの儀礼を行った。帯解き山とは、それに近い年齢の林の喩《たと》え。

三芳町（埼玉県）

森の酒場《もりのさかば》

樹液には、木が根から吸い上げた栄養分などが含まれる。甘酸っぱくて、発酵すると、アルコールを含んだ酒のような液体に変化する。昆虫の大切なエネルギー源だ。樹液がしみ出た**森の酒場**は、様々な昆虫で大賑《にぎ》わい。

兜虫相撲《かぶとむしずもう》

昆虫の王様と呼ばれるカブトムシは、クワガタムシと並んで子どもたちの人気者。夏の雑木林では、昆虫少年たちが歓声をあげながら虫捕りに興ずる。捕まえたオスのカブトムシの大きさや強さを自慢しながら、物を引かせたり角で相手をひっくり返した方が勝ちとする**兜虫相撲**をしたりして遊ぶ。

下駄箱に一夜預り兜虫　**中西舗土**

西風の神《にしかぜのかみ》

雑木林を生活の場とする**シジミチョウ**の仲間の総称で、翅《はね》を広げても二センチ前後の小さなチョウたち。金属光沢のある美しい翅を持つものが多く、ギリシャ神話の**西風の神**（ゼピュロス）が語源で、**ゼフィルス**と呼ばれる。この仲間のチョウの成虫は、初夏に現れ一～二ヶ月で短い命を終える。

オオムラサキ

大紫《おおむらさき》

雑木林を代表する大きなチョウで、オスは青紫色の美しい翅を持つ。成虫は木からしみ出る樹液を吸って生活し、花の蜜は吸わない。カブトムシやスズメバチに一歩も引かずに樹液を吸っている様子はたくましく、飛ぶと鳥の翼のような羽音がする。

瓶蜂《かめばち》

日本で最も危険な野生動物は、**スズメバチ**といわれている。クマやヘビより、死亡例が多いのだ。一方で、スズメバチなどの幼虫を**蜂の子**と称して食べる食習慣が全国的にある。スズメバチのことを**瓶蜂**と呼ぶのは、深い容器のような巣の形から。

ミドリシジミ

アブラゼミ

空蟬《うつせみ》

セミは地下生活が数年と長いが、羽化したら数日の命。成長した幼虫が、夕方地上に現れて、日没後に羽化をする様子は、感動的で美しい。脱ぎ捨てられた殻は、**空蟬**という。抜け殻は、小さい子どもの夏の間の宝物で、手当り次第に見つけては大事そうに持ち帰る。

嵐山町（埼玉県）

蟬時雨《せみしぐれ》

夏を感じる音といえば、何といってもセミの声だろう。多くのセミがいっせいに鳴く様子は**蟬時雨**という。これほど騒がしく鳴くセミだが、地上での命はあまりにも短く、やがて秋の気配と共に消えていく儚《はかな》さを思えば、心に響く声となる。

かなかな

セミの中でも風流な鳴き声で親しまれているのが、**ヒグラシ**。朝方や夕暮れに寂しげに響くその鳴き声から、**かなかな**とも呼ばれる。ツクツクボウシも鳴き声から名前が付いたが、八月のお盆を過ぎたころから鳴き出すので、この声を聞くと夏休みももう終わりだと悲しい気持ちになったものだ。

オオミズアオ

透かし俵

すかしだわら

クスサンというガの幼虫が作る繭《まゆ》は、網目が粗く中の蛹《さなぎ》が透けて見えることから**透かし俵**という絶妙な名前が付いている。クスサンの幼虫から採れる長くて丈夫な糸は、魚釣りの天蚕糸《てぐす》に利用された。

月の女神

つきのめがみ

ガは地味で美しくないという印象を覆すガが日本にもいる。翅《はね》が美しい水色で、とてもガとは思えない。和名の**大《おお》水青《みずあお》**も美しい響きを持つ。学名には**月の女神**という意味があり、幻想的なイメージにぴったり。翅の形も美しく、後翅《こうし》は先が細長く伸びていて尾のよう。

ウスタビガ

山柄杓

やまびしゃく

ウスタビガの作る繭には長い柄の部分があり、その形から**山柄杓**と呼ばれる。繭の作りは精巧で、上端には羽化時に脱出するための裂孔《れつこう》があり、下端には雨水を排出するための小円孔がある。自然の巧妙さに感心してしまう。

緑のダイヤモンド

みどりのだいやもんど

雑木林にすむ大型のガ、ヤママユガは鮮やかな黄緑色をした繭を作る。この繭から採取される絹糸は光沢が美しく、伸縮性に富み価値が高いため**緑のダイヤモンド**と呼ばれる。成虫の口は退化していて、食べ物をとらない。一週間ほどの短い命だ。

キクガシラコウモリ

蚊喰鳥《かくいどり》

コウモリは、鳥のように自由に飛ぶことができる唯一の哺乳類。イメージはあまり良くないが、かつての日本人は**蚊喰鳥**と呼んで、カやガを食べてくれる役に立つ生きものと考えたり、縁起の良い動物と考えたりした。一六二四年創業の、カステラで知られる長崎県の福砂屋は、コウモリが商標。

鵺鳥《ぬえどり》

トラツグミは、夜に鳴くヒィーヒィーという声が、鐘の音や鈴の音、または女性のすすり泣く声に聞こえるとして気味悪がられ、**鵺鳥**や**黄泉鳥**《よみじどり》と呼ばれた。雑木林の地面で落ち葉をかき分けながら、歩いてミミズなどを食べて暮らす。「鵺」とは夜に鳴く鳥のことを指す言葉。

トラツグミ

ヨタカ

怪鴟《よたか》

夜だかはまるで雲とすれすれになって、音なく空を飛びまはりました。

宮沢賢治『よだかの星』

よだかは、醜《みにく》さゆえに仲間から嫌われ、生きることに絶望して結末で星となる。醜い鳥とされているが、その飛翔の姿は美しく表現されている。ヨタカは名前にタカと付くが、タカの仲間ではない。夜、飛んでいるときのシルエットがタカに似ているから付いた名前。

麻蒔鳥《おまきどり》

アオバズクという、フクロウの仲間の別名。青葉が芽生えるころ日本にやってくる。腹側の茶と白の縞模様、大きな金色の目が特徴だ。夜間ホッホッ、ホッホッとよく鳴く。この時期が麻の種を蒔くときと重なるので、福岡県の一部では種蒔きの時期を知らせる鳥として**麻蒔鳥**と呼んだ。

アオバズクの巣立ちビナ

嬬恋村（群馬県）

石神井公園（東京都練馬区）

蠟の木《ろうのき》

ウルシの仲間で、紅葉の美しい**ハゼノキ**の別名。かつて、果実から和蠟燭《わろうそく》の材料となる木蠟《もくろう》を採るため、広く栽培されていた。ハゼノキの蠟燭は、石油が原料の西洋蠟燭に比べ炎が大きく、時折見せる不規則な揺らぎは、そよ風など自然界のリズムと同じで、リラックス効果があるという。

山粧う《やまよそおう》

日本の山は、秋になると北から徐々に赤や黄や橙など、様々な色で彩られていく。山の木々が思い思いに色づき美しくなったのを**山粧う**という。四季を通じて一番艶《あで》やかな山の姿である。

照紅葉《てりもみじ》

晴れた日に、日に照らされて色鮮やかに映える紅葉の様子をいう。美しい紅葉には昼夜の気温の差が大きいことや、夏が暑く晴天が続くこと、湿気が少なく乾燥していることなど様々な条件が必要になる。

秋の夕日に照る山紅葉、／濃いも薄いも数ある中に、／松をいろどる楓《かえで》や蔦《つた》は、／山のふもとの裾模様。

高野辰之 文部省唱歌『紅葉』

漆紅葉《うるしもみじ》

ウルシは他のどの木よりも早く紅葉し、一足先に真っ赤に色づいた葉がとてもよく目立つ。樹液は**漆**と呼ばれ、乾燥すると化学変化に強く耐久性があるため、食器の塗装や装身具、接着に古くから利用されてきた。漆の乾燥には一定の湿度が必要で、湿潤な日本では特に利用技術が発達した。

木の実時《このみどき》

ぽとり、かさかさ。秋の山では、木の実の転がり落ちる音がする。ドングリやクルミにギンナン、クリにアケビ。動物たちは食べ物の乏しい季節に備えて競うように木の実を頬張り、中には落ち葉の下などに貯蔵するものもいる。隠しておいたドングリはそのまま忘れられ、春に芽を出すこともある。

よろこべばしきりに落つる木の実かな

富安風生

信楽町（滋賀県）

栗鼠《りす》

リスは、木の実がなるころ冬の食料貯蔵に余念がない。リスの歯は大変丈夫で、クルミなどの堅い木の実も、殻を割って中身を食べることができる。木登りも得意で**木鼠**《きねずみ》という別名がある。冬眠せず元気に動き回るリスと、巣穴にたくさん食料を運び込んで冬眠をするシマリスがいる。

狐の枕《きつねのまくら》

カラスウリは、草木に絡まって蔓《つる》状に伸びる植物。秋も深くなったころ、藪《やぶ》などに巻き付いて橙色の実をぶら下げている光景は印象的だ。実はとても苦く食用には適さない。種子の形が独特で、カマキリの頭や結び文に似ているといわれ、その形から**打ち出の小槌**《こづち》や**玉章**《たまずさ》、**狐の枕**などと呼ばれる。

ミツバアケビ

通草《あけび》

アケビは、最も広く知られた秋の山の幸であろう。長卵形の実は熟すと縦に裂け、甘みがある。鳥や哺乳類が食べるが、山で遊ぶ子どもにとっても絶好のおやつで、種を口から吹き飛ばしながら食べた。肉厚の果皮は、油炒めや袋煮など様々に料理する。

カラスウリ

カケス

樫鳥

かしどり

カケスという、カラスの仲間の別名。翼の一部に美しい青い羽を持ち、他の鳥の鳴き声を真似するのが上手な鳥だ。ジェージェーと濁った鳴き声でカラスの仲間と分かる。カシの実を好んで食べることから、別名が付いた。ドングリを蓄える習性があり、秋には落ち葉などの下に一つずつ隠す。

天狗の鼻

てんぐのはな

ヤマノイモは、地下に長い芋を生じる。細心の注意をもって掘らないと、途中で折れてしまう。すり下ろしたものを麦飯などにかけていただく。栄養価が高く、乾燥させたものは**山薬**《さんやく》と呼ばれる**生薬**《しょうやく》となる。種を包んでいる翼のような部分を**天狗の鼻**といい、子どもたちは唾で鼻先につけて遊ぶ。

マキノ町（滋賀県）

茸狩《たけがり》

キノコは山菜や木の実と共に山の幸の代表。特に海から遠い信州や飛騨、東北地方の人々は大切な食べ物として、冠婚葬祭のときの晴のご馳走にキノコ料理を出す習わしがあった。毎年決まってキノコが出る秘密の場所を持ち、他人には教えず大切にした。そういう場所を**茸《きのこ》の代《しろ》**と呼ぶ。

皮茸《こうたけ》

香りの高さではマツタケに並ぶと称されるキノコ。笠の裏に剛毛状の針が密生しているのを、イノシシやクマの毛皮に見立てて**皮茸**と名前が付いた。笠の表面は無数にささくれて豪快な印象だが、落ち葉に紛れて見つけにくい。干して保存し、婚礼や法事のときに出される。

榾木《ほだぎ》

日本人は、世界的に見てもキノコ好きの民族だという。栽培も古くからなされ、シイタケやエノキタケがその代表。原木には、クヌギ、シイ、クリなどの幹を用いるが、これを**榾木**という。榾木に菌を打ち込んで栽培される。雑木林に榾木が整理して並べられているのは美しい眺めだ。

狐の屁玉《きつねのへだま》

ある日突如として、庭先にバレーボールのようなものが落ちている。これは、**オニフスベ**というキノコが発見されるときによくあることだという。食べられるが、お世辞にも美味しいとはいえないらしい。取るに足らないたあいのないものという意味で**狐の屁玉**という別名がある。

妖精の輪《ようせいのわ》

キノコは、円を描いて生えることがある。その光景はどこか童話的で、欧米では fairy ring（**妖精の輪**）と表現する。これは菌糸《きんし》が土の中で放射状に広がり、菌糸の先端部にキノコを生じると現れる。年々外へ広がるので、その直径で輪の年齢が分かるという。

ベニテングタケ

木の葉沓《このはぐつ》

一面に降り積もった木の葉のことを**木の葉沓**という。沓と同じようにいつも足の下にあることからそういう。乾燥した落ち葉をガサガサ音を立てて踏むのは、大人でも楽しい。

諸木の君子《もろきのくんし》

カシワの葉は、枯れても散らずに春の新芽が出るまで枝に残っている。他の木が次々と落葉する中、最後まで葉をつけていることから**諸木の君子**と呼ばれ、葉守《はもり》の神が宿ると考えられた。また、カシワの大きい葉は食物を蒸すときに使われていたことから**炊《かし》ぐ葉《は》**の別名もある。

小諸市（長野県）

三芳町（埼玉県）

木の葉時雨《このはしぐれ》

散るよ散るよ。木の葉が散るよ。／風も吹かぬに木の葉が散るよ。／ちらちらちら／ちらちいらちら。

吉丸一昌　文部省唱歌『木の葉』

美しく照り輝いていた紅葉も、時が経てばくすんで間もなく散ってしまう。乾いた音を立てて木の葉が落ちる様子を**木の葉の雨**や**木の葉時雨**という。

木枯らし《こがらし》

晩秋から初冬にかけてユーラシア大陸から吹く季節風で、冷たい強風のこと。**木枯らし一号**は、冬の到来を告げる最初の強風。散り残っていた葉も吹き落とし、木を丸裸にしてしまう。

木枯や鐘に小石を吹きあてる　蕪村

柴刈り《しばかり》

雑木林は人々の暮らしそのものを支えていた。落ち葉や枯れ枝は、囲炉裏《いろり》の燃料や堆肥の材料になくてはならないもの。落ち葉や枯れ枝を拾い、下草を刈ることを**柴刈り**という。昔話の『桃太郎』の中で「おじいさんは山へしば刈りに」というのは、かつての農村の日常の姿。

くずはき

雪が降る前に、年一回雑木林の落ち葉を掃く作業のこと。地面に取り残された昆虫は、鳥たちのごちそうだ。**くずはき**の音を聞きつけて、鳥たちが林の奥からやってくるという。手入れされた雑木林は、春には山菜を、秋にはキノコの恵みをもたらしてくれる。

所沢市（埼玉県）

盗人掃き《ぬすっとばき》

ガスや電気が普及する以前の煮炊きに、農家では囲炉裏を使っていた。燃やすのは落ち葉や細い枝。中でも、松の葉はよく燃え火力があるので格別。松の落ち葉は**盗人掃き**といって、盗まれることもあったぐらいだ。

木の葉宿《このはのやど》

埼玉県比企《ひき》郡では、くずはきで集めた落ち葉の貯蔵場を風情ある名前でこう呼んだ。間口奥行き三～五メートルのスペースに木を組み合わせて作った高さ二メートルほどの囲い。この枠の中に落ち葉を詰めて保存していた。

灰《はい》

灰は農作物の大切な肥料だった。雑木林で集めた落ち葉は煮炊きに使い、後に残る灰も利用する。現代では、家で落ち葉を焚《た》いての焼き芋作りもままならない。

かきねの、かきねのまがりかど、／たきびだ、たきびだ、おちばたき。／「あたろうか。」「あたろうよ。」／きたかぜ、ぴいぷうふいている。

巽聖歌　童謡『たきび』

神鹿　しんろく

シカは、古くは神の使いや神の乗り物と考えられていた。奈良県の春日大社などでは、現在も**神鹿**として飼われている。椋鳩十《むくはとじゅう》の『片耳の大シカ』は、利口な大シカ・片耳と、それを追う猟師たちの物語。

鹿の湯　しかのゆ

傷ついた鹿が湯につかって傷を癒《いや》しているのを見て、温泉を発見した。こうした言い伝えを持つ温泉は全国にある。傷ついた動物は、鹿の他に白鷺《しらさぎ》や白狼《はくろう》など様々。

ホンドタヌキ

狸寝入り　たぬきねいり

タヌキには人を化かすという俗信があるが、ユーモラスであまり恐ろしくはない。昔話の『文福茶釜』では、茶釜に化けるが火にかけられ馬脚を現してしまう。実際のタヌキは非常に臆病で、強く驚くと失神してしまうともいう。それを死んだ振りと思われ、眠った振りをすることを**狸寝入り**という。

山眠る　やまねむる

木々は葉を落とし草は枯れ果て、冬に備えて食べ物をせっせと集めていた動物も、いつの間にかいなくなった。山はしんと静まり、眠っているように動きがない。しかし中には元気に活動する生きものもいて、雪の上に足跡などが残っていたりする。

エゾシカ

高島市（滋賀県）

ニホンザル

厩の守護神　うまやのしゅごしん

サルはかつて信仰の対象であり、馬の守り神と考えられていた。サルを連れた旅回りが、農家を回り牛馬の安全を祈った。太鼓と掛け声に合わせ、サルは舞いながら厩の中を祓《はら》い清める。後にその宗教性が失われ、サルの芸だけが独立して**猿回し**や**猿引き**と呼ばれる大道芸として普及した。

和獣の王　わじゅうのおう

クマは、日本にすむ生きものの中で最大の動物。鈴木牧之《ぼくし》の『北越雪譜《ほくえつせっぷ》』では「熊は和獣の王、猛《たけ》くして義を知る。菓木《このみ》の皮虫《かはむし》のるゐを食として同類の獣を喰《くらは》ず、田圃《たはた》を荒《あらさ》ず、稀《まれ》に荒すは食の尽《つき》たる時也」と語られる。冬山で遭難して熊の冬眠穴に迷い込んだ樵《きこり》に、手を舐《な》めさせて助けたという逸話も紹介されている。

ヤマネ

エゾユキウサギ

兎追い　うさぎおい

兎追いしかの山、／小鮒釣りしかの川、／夢は今もめぐりて、／忘れがたき故郷。

高野辰之　文部省唱歌『故郷』

ノウサギは草や木の皮を食べて暮らしているが、畑などの作物を荒らすこともある。冬には狩りの対象となり、かつては小学校などでも**兎追い**を行った。昔話や神話の中では古くから親しまれてきた動物で、『かちかち山』や『稲羽《いなば》の素兎《しろうさぎ》』など数々の話に登場する。

鞠鼠　まりねずみ

樹上で生活する**ヤマネ**は、昆虫や木の実などを食べるネズミの仲間。体の大きさは十センチもなく、手の平に乗ってしまうほど。冬になると冬眠することが知られていて、体を鞠のように丸めて冬眠することから**鞠鼠**の別名がある。

垂氷《つらら》

冬の雑木林には、木に甘い**垂氷**ができる。これは、木からしみ出た樹液が凍ったもの。特にカエデの樹液の垂氷は糖度が高いので、野鳥やリスの大好物だ。冬には貴重なごちそうで、エナガなどの小鳥が必死に羽を動かして停空飛翔しながら舐《な》めている。

日向ぼこり《ひなたぼこり》

暖かい日差しに包まれ、かじかんだ体がほこほこと温められると幸福感に包まれる。冷たい風も幾分和らいだそんな日は、アカタテハやルリタテハなど、成虫で冬を越すチョウたちが、日の当たる落ち葉などの上で体を温めているだろう。

山中湖村（山梨県）

オオミノガ

木樵虫《きこりむし》

ミノガの幼虫は**木樵虫**や**蓑虫**《みのむし》と呼ばれる。体から出した糸で枯れ葉や枯れ枝を袋状に綴《つづ》り合わせ、その中にすんでいる。ドイツ語では、**葉っぱの仕立て屋**という。ミノムシは、枝などにぶら下がり冬の風に吹かれながら、遠い春を待ち望んでいる。

暮らしと祈りの章

Kneeling in Prayer

里山での人々の暮らしには、

神が今なお生きている。

神社には森が残され、大切に守られてきた。

人々の暮らしの中にも、

神社の森にも生きものが共に暮らす。

松迎え まつむかえ

正月に飾る**門松**は、年神様がおいでになるときの目印であり依代《よりしろ》であるとされる。かつては、門松用の松を切りに山に入る**松迎え**という風習があった。切った松は清い場所に保管し、年末に門松を作って取り付けた。

年神様 としがみさま

年が明けると、人々は**年神様**をお迎えして神棚などに祀《まつ》り、正月の間共に過ごす。農作神としての性格が強く、その年の五穀豊穣《ごこくほうじょう》や一家の福徳を司る神と考えられている。**恵方神**《えほうがみ》や**歳徳神**《としとくじん》ともいう。

歳徳神野に出て遊び夜は戻る　加倉井秋を

アカマツ

大磯町（神奈川県）

若水迎え《わかみずむかえ》

元旦の朝早くまだ暗いうちに、一番初めに井戸から清浄な水を汲むこと。人の命を若返らせる力があると信じられていた。若水は年神様に供え、雑煮を作り福茶を沸かした。

褻と晴《けとはれ》

日本人の暮らしは、日常の**褻**と特別の日の**晴**が繰り返されることで長いこと営まれてきた。普段の日常は慎ましい褻であり、行事などが行われる華やかな晴の日には、酒を飲みご馳走を食べた。日々の暮らしの中に、かつてはきちんとした減《め》り張りが生きていた。

どんど

一月十五日に、門松や注連縄《しめなわ》は広場に高く高く積み上げられ燃やされる。この風習は**どんど**や**左義長**《さぎちょう》と呼ばれ、大焚火の火と煙に乗って年神様は天へ戻るとされる。この行事で正月は終わり、人々のそばで共に過ごしていた神は天へと帰っていく。

小淵沢町（山梨県）

月の剣　つきのつるぎ

月は太陽の光をはね返している部分が、光って見える。一般的に月の姿が丸く見えているときは満月、まったく見えないときは新月、一部が欠けているときは形によって半月や三日月などという。三日月は形が刀剣に似ていることから**月の剣**、弓なりに反った月は盃《さかづき》に見立てて**月の盃**ともいう。

月の舟　つきのふね

頭上に広々と広がる夜空を海に喩《たと》え、夜空を渡る月を舟に見立てていったもの。**星の舟**というと、七夕伝説の中で織姫と彦星が乗る、天の川を渡る舟のこと。

香美市（高知県）

太陰　たいいん

月は古くから人々の心をとらえ、神話や伝説、詩歌などの素材になり、その運行に基づいて暦《こよみ》が作られた。『古事記』には、伊邪那岐命《いざなきのみこと》の右目から月の神である**月読命**《つきよみのみこと》が生まれたと記される。月は太陽に対して**太陰**ともいう。月の異名は数多く、**つく**、**月霊**《げつれい》、**月**《げっ》**魄**《ぱく》、**桂月**《けいげつ》、**玉蟾**《ぎょくせん》など数えきれない。

月の鏡　つきのかがみ

晴れた空にかかる澄んだ**満月**を、鏡に見立てた言葉。満月の夜は、灯りがなくても青白い月明かりに夜道が照らされ、迷わず歩くことができる。月光のもと景色が一段と輝くことは、**月に磨**《みが》**く**という。

星月夜《ほしづくよ》

月夜は月の明るい夜のことをいうが、**星月夜**は星の光が月のように明るく見える夜のこと。**星夜**《せいや》ともいう。月のない夜に空いっぱいに星が輝いて下界を照らす光景は、美しく幽玄《ゆうげん》。空のことを**星の国**ということがあるが、そんな星月夜の空のことをいうのだろうか。

星の嫁入り《ほしのよめいり》

宇宙に漂う小さな塵《ちり》が、地球の引力に引き寄せられて大気圏に突入することがある。物凄いスピードで飛び込んできた塵は、大気との摩擦で燃えつきる。**流れ星**である。**走り星**や**縁切り星**、**星の嫁入り**ともいう。大きい塵だと燃えつきず地上に落下して、**隕石**となる。

ペルセウス座流星群

ニセコ町（北海道）

煌星《きらぼし》

きらきらと無数に光る星のこと。天一面にある星は、**天満星**《あまみつほし》。星の運行する道は**星の道**。星座のことは、**星の宿り**ともいう。空気が澄んでいるところで見る星は、ちかちかと瞬いて見える。

熒星《ほのおぼし》

夜空に赤く光る**火星**は、昔から目を引く星だった。不気味なほど赤い色をしているので、災いをもたらすなどといわれることもあり、**熒星**や**わざわい星**などと呼ばれた。

飯炊き星《めしたきぼし》

明け方東の空に見える**金星**のことで、広くは**明けの明星**という。地球の隣に位置する金星は、朝早くと夕方にしか見られない。静岡県では、朝食の支度をするころ見られる金星を**飯炊き星**と呼んだ。夕方西の空に見られる金星は、**宵の明星**。

黎明《れいめい》

夜明けや明け方のことを**黎明**という。「黎」という漢字には「暗い」や「黒い」という意味がある。夜明けは近いがまだ天は暗く、東の空が明るくなり始めるころだ。天に残る星は、黎明のほのかな光で次第に消えゆく。**黎明期**というと、新しい時代が始まろうとする時期のこと。

暁光《ぎょうこう》

夜明けの光を**暁光**や**曙光**《しょこう》という。太陽が顔を出すと、大気は光で満ち気温も上がる。一日の最初の光は希望に満ちて神々《こうごう》しく、人々は早朝の太陽に手を合わせ、その日の無事をお願いした。

草津町（群馬県）

草の戸《くさのと》

松尾芭蕉は『おくのほそ道』の序章で、「草の戸も住替《すみかは》る代《よ》ぞひなの家」と詠んだ。**草の戸**とは、茅《かや》などの草で屋根を葺《ふ》いた家のこと。自然素材ならではの断熱、防音、保湿効果があるという。かつてはあちこちにあったが、年々失われ今では文化財になっている。

結い《ゆい》

親戚や近所同士が、お互いの仕事を手伝って助け合うこと。「結う」には、まとまるように結ぶという意味がある。田植えや草刈り、茅葺《かやぶき》屋根の葺き替えなど、家族だけでやりきれない仕事は、助け合って大勢で作業をした。**エエ**、**ヨイッパカ**、**テマガエ**、**アイアイ**など様々な方言がある。

ニワ《にわ》

昔の家には、**土間**という地面をつき固めただけの広いスペースがあった。**ニワ**ともいう。出入り口でもあり仕事場でもある、外と内の中間。雨の日や夜、または寒い冬の間などの作業場としてや、日常の食事の煮炊きの場として便利に使っていた。

大津市（滋賀県）

芝棟《しばむね》

かつて屋根の上に花園を作る習慣があった。**芝棟**といって、茅葺屋根の頂上にイチハツやアヤメなどの植物を植える。植物が根を張ることで、屋根の防水と風害に格段の効果をもたらすという。英国の園芸学者フォーチュンは『幕末日本探訪記』に、「屋根の背に、ほとんど例外なく、イチハツが生えていた」と神奈川県辺りの当時の様子を記している。

棚木猫《たなぎねこ》

野良猫でも飼い猫でもなく、人に慣れないネコという意味で**棚木猫**という言葉がある。かつて、茅葺屋根の屋根裏にすみついて子育てをするネコをこう呼んだ。人には懐かないが、ネズミを捕まえるのでそっとしておいた。栃木、群馬、埼玉県辺りの方言に残っている。

檜枝岐（福島県南会津郡）

水船《みずふね》

丘陵地や山間部では、山の湧き水を樋《とい》で引いて利用した。三段の水槽が設けられ、飲料水用や食器、鍋釜の洗浄用などに分け、落ちた残飯や水の汚れなどはコイが食べて浄化してくれる。現在でも湧き水利用の続く地があり、岐阜県郡上市では**水船**、琵琶湖西岸の地域では**川端**《かばた》と呼ばれる。

濡れ縁《ぬれえん》

日本家屋には、南側の軒下に**縁側**があることが多い。雨戸が閉まっていると家の中、開けると家の外になり、内と外の中間だ。雨戸など仕切りのない縁側は**濡れ縁**という。子どもの遊び場や大人の交流の場であり、秋には作物の置場や干場にもなる便利な場所。

新旭町（滋賀県）

炉端の夜語り
ろばたのよがたり

冬の夜、囲炉裏《いろり》は家族皆が集まる団らんの場となる。祖父母は身振り手振りを交えながら、孫たちに昔話を聞かせた。子どもたちは、囲炉裏の火に顔を照らされながら、一心に耳を傾けたことだろう。多くの昔話や伝説は、囲炉裏端で受け継がれてきた。

おかまさま

昔は、日々の煮炊きに竈《かまど》を利用した。火のあるところは生活の中心であり、信仰の対象となった。竈のそばの神棚に、**おかまさま**や**火の神**あるいは**荒神《こうじん》様《さま》**を祀《まつ》り、牡丹餅《ぼたもち》を供えた。火伏せの神という神格の他、農作神や家の神としての性格が強く、生活全般を司る神である。

いるり

煮炊きや暖房などに用いる**囲炉裏**は、**イルリ**、**インナカ**、**ヒドコ**などとも呼ばれる。家族で火を囲み、食事をしたり暖をとったりと、昔は暮らしの中心をなすものだった。それぞれの座る場所が決められ、座のしきたりは厳重に守られた。

東久留米市（東京都）

居久根《いぐね》

民家の周りにめぐらせた木々は、**屋敷林**といって、人々の暮らしに重要な役割を持つ。落ち葉や落枝《らくし》は重要な燃料になり、カキやウメなどの果実は食料になる。家の北西にある林は、冬の冷たい季節風を抑える防風林の役割も果たした。東北地方では、屋敷林を**居久根**という。

鷺足《さぎあし》

屋敷林には、人々の暮らしに有用な木が植えられる。タケは、材になり食用にもなる。また、勢い盛んな生命力から、神霊が宿ると考えられた。『竹取物語』のかぐや姫は、竹の節から発見され、美しく成長して月の都に帰っていく昔話。**鷺足**とは、子どもの遊び道具**竹馬**のこと。

棒樫《ぼうかし》

屋敷林の一種で、冬の季節風を遮《さえぎ》るために植えられた**アラカシの生垣**のこと。枝葉《しよう》をほとんど取り去り、棒のような高垣に仕立てるためこう呼ばれる。京都の**慈照寺《じしょうじ》**（通称銀閣寺）では、アラカシ、ツバキ、チャなどの生垣が五十メートル続く立派な参道となっている。

曲屋《まがりや》

家の造りは、その土地の気候や暮らしに合わせて工夫されている。岩手県に多い**曲屋**は、L字形になった家の先端でウマを飼い、家の人はウマをよく見守って暮らしていた。日ごろから愛情を込めて世話をしてくれる人の顔を、ウマは生涯忘れないという。

馬頭観音《ばとうかんのん》

馬が大事な家畜として飼われていたころ、人々は馬の安全祈願に**馬頭観音**にお参りし、厩《うまや》の柱には絵馬を掛けた。民間信仰では馬の守護神として祀《まつ》られるが、元々馬頭観音は無智や煩悩《ぼんのう》を排除して、悪人や敵を降伏させる菩薩とされる。

浦河町（北海道）

洋燈《らんぷ》

かつての人々の暮らしは、夜は暗くなったら寝るというシンプルなものだった。明治に入ると、それまでの行灯《あんどん》や提灯《ちょうちん》に代わってランプが灯されるようになり、人々は真昼のような明るさを手に入れた。ランプの掃除は、どこの家でも手の小さな子どもの日課だった。

スズメ

雀合戦

すずめがっせん

スズメは、人のそばで暮らす鳥。繁殖期には屋根瓦や石垣の隙間に、枯れ草や藁《わら》で巣を作る。繁殖期以外は、群れで生活することが多い。夕暮れ、ねぐらに納まる前、多くのスズメが群がって騒ぎ争う様子を**雀合戦**という。

寒雀一羽来て二羽三羽来ぬ　山崎ひさを

つばくろ

つばくろなどの愛称で呼ばれるツバメは、最も人間に親しい鳥だ。春に海を渡ってきて、カラスなどの天敵が近づけない人家に好んで巣を掛ける。巣材は田んぼの泥や藁を利用し、稲を食い荒らす虫を食べる。たとえ玄関が糞で汚れても、人々は温かく見守り、持ちつ持たれつの共存関係を続けている。

ツバメ

ハシボソガラス

八咫烏

やたがらす

カラスは羽が真っ黒で不吉だと嫌われることも多い。しかし、かつては神の使いとされ、幸福をもたらす鳥だった。**八咫烏**は『古事記』に登場する三本足のカラスで、神武《じんむ》天皇が熊野から大和へ抜ける道中の案内に、天照大神《あまてらすおおみかみ》に使わされて飛来した。「八咫」は、無限の大きさや長さという意。

白蛇《しろへび》

茅葺屋根の民家にはネズミが多く、ネズミが好物のヘビ、アオダイショウがすみついていた。蛇は神様のお使いで、家を守ってくれるからいじめてはいけないと子どもは教えられる。山口県岩国市には、体が白いアオダイショウが代々発生し、二百五十年以上守られている。

岩国のシロヘビ

ぶんぶん

夏の夜に、真っ暗な闇の中からぼたっと飛び込んでくるのは、**コガネムシ**だ。夜行性のこの昆虫は、灯りに寄ってくる性質がある。ぶんぶん激しく羽音を立てて、物にぶつかりながらうるさく飛ぶことから**ぶんぶん**と呼ばれる。成虫は、クヌギやサクラなどの葉を食べて暮らしている。

コガネムシ

家守《やもり》

家の壁や天井に張り付いているのを見かける。和名には、家の番をして家屋を守るという意味がある。指には毛のような突起が無数に生え、これが滑り止めの働きをするので、滑らかな面でも歩くことができる。夜、光に集まる虫を食べて暮らす。

ヤモリ

シノブ

風死す《かぜしす》

盛夏、風がそよとも吹かずぴたりと止まってしまうときがある。**風死す**というが、蒸し暑さに堪え難く閉口してしまう。朝と夕には海風と陸風が入れ替わる時間帯があり、そのときに風が止むのだ。

風鐸《ふうたく》

涼の演出に、**風鈴**がある。風が立てていく心地よい音は、束の間暑気を忘れさせてくれる。**南部風鈴**は鉄製、**江戸風鈴**はガラス製など各地で独特な風鈴が生み出され、音色が少しずつ異なる。**風鐸**《ふうたく》、**風琴**《ふうきん》ともいう。江戸時代、風鈴の音色で客を誘う夜の蕎麦屋台は、**風鈴蕎麦**と呼ばれた。

夏座敷
なつざしき

日本の夏は、湿度が高く格別蒸し暑い。冷房はもとより扇風機さえなかったころは、襖《ふすま》や障子《しょうじ》を取り払って、できるだけ外気を家の中に取り込んだ。秋には真新しく張り替えられた障子が元に納まる。

行く雲を寝てゐて見るや夏座敷　野坡

日の辻休み
ひのつじやすみ

昔は、昼食後に昼寝をする習慣があった。暑い盛りの労働をさけ、体力の消耗を防ぐためだ。短時間でも体が休まり、仕事の能率が上がる。**午睡《ごすい》**や**日の辻休み**ともいう。日陰が三尺ほど（約一メートル）移るほんの短い間の昼寝を**三尺寝《さんじゃくね》**といい、職人が仕事場で仮眠を取るときなどにいう。

アサガオ

打ち水
うちみず

夏の夕暮れに、乾ききった地面に**打ち水**をすると、人も草もほっとする。涼を呼ぶ知恵として、長い間行われてきた習慣だ。現在では、気温を下げる効果が見直され、大勢で一斉に打ち水を行う催しが、全国の都市部で展開されている。

水打つや森のひぐらし庭に来る　水原秋櫻子

緑のカーテン
みどりのかーてん

蒸し暑い季節になると、人々は暮らしに様々な涼を取り入れた。夏の直射を遮《さえぎ》るのには簾《すだれ》が多く利用され、ヘチマやアサガオなど、蔓《つる》性の植物を軒先に這わせる家も古くから見られる。現在は、室温を下げる効果が見直され、**緑のカーテン**と称して学校や企業などが取り組んでいる。

行水《ぎょうずい》

じっとしていても汗の吹き出る夏は、何度も**行水**をしたくなる。朝のうちに盥《たらい》に井戸水を張って庭に出しておくと、昼過ぎには水がぬるくなっている。大人も子どもも夏の一日の汗を洗い流し、涼しい夕暮れを迎えた。

田から帰って盥の行水／父さんも裸
わたしも裸／ひとりで寂しい厩の馬
が／盥の上へ顔出した
島木赤彦　童謡『行水』

涼み台《すずみだい》

夏の夕暮れに、人々は熱のこもった家の中を抜け出して、川辺などに置かれた**涼み台**や**縁台**で涼を取った。川面を渡ってくる風は、涼しく心地よい。

二人は、縁台に仰向けに寝ころんで、じっと大空に見入った。そして新しい星を見つけるたびに、やんやとはしゃいだ。　下村湖人『次郎物語』

みなかみ町（群馬県）

近江蚊帳《おうみがや》

夏の暑い夜には障子《しょうじ》襖《ふすま》を取り払い、蚊帳を吊るした中で眠った。網戸や冷房の普及で廃《すた》れたが、昭和四十年代まで見られた夏の風物詩だ。子どもたちは、捕まえたホタルを蚊帳の中に放して、その明滅を眺めながら眠りについた。**近江蚊帳**とは、江戸時代に流行した萌黄色の生地に赤い縁の蚊帳のこと。

金太郎の腹当て《きんたろうのはらあて》

夏は、眠っているときに汗をかいた胸や腹が冷えて体を壊しやすい。子どもは菱形の布に紐を付けた腹当てを必ず着せられた。嫌がる子どもには「雷様がおへそを取りに来る」と脅かしたりした。昔話の主人公、金太郎がしていることから、**金太郎の腹当て**と呼ばれた。

魂祭《たままつり》

お盆は、死者のために祭りを行い、死者の苦を取り除く行事。**魂祭**ともいう。精霊棚に盆花や初物の野菜などを供え、帰ってくる祖霊が迷うことのないよう、門前や戸口に迎え火を焚《た》く。かつては、帰る家のない無縁仏も招き迎える家が多かった。

遺言の酒備へけり玉祭　太祇

魂送り《たまおくり》

お盆の終わる夕刻には、門前や戸口で再び火を焚く。祖霊の帰り道を照らす送り火である。供物を包み、来年を約束して近くの川や海へ流す。香を焚いた岸辺で、家族揃って祖霊をお見送りする。灯籠《とうろう》を流す地域もある。京都の大文字の火は、山上で大きな火を燃やす壮大な送り火である。

嵐山（京都府）

蒲生町（鹿児島県）

鎮守の杜《ちんじゅのもり》

昔の人は、自分たちが暮らしている土地の地霊を鎮め、その地を守護する**鎮守の神**の存在を信じた。**鎮守の杜**は神々が鎮座する依代《よりしろ》と考えられ、神聖な森として古くから守られてきた。長い年月の間に、大木の内部が朽《く》ちてうろになったところには、ムササビやフクロウなどがすみついている。

村の鎮守の神様の／今日はめでたい御《お》祭《まつり》日《び》。／どんどんひゃらら、どんひゃらら、／（略）／朝から聞える笛太鼓。

文部省唱歌『村祭』

御神木《ごしんぼく》

人間の寿命を遥かに超えた巨木は、神の宿る木「御神木」とされる。巨岩や滝、山など、神が宿ると考えられたものには**注連縄**《しめなわ》が巻かれ**鳥居**が立つ。注連縄も鳥居も、神域と現世を隔てる**結界**の役割をする。聖域への入り口だ。

瑠璃寺（兵庫県）

八百万の神《やおよろずのかみ》

日本人は、太古の昔からありとあらゆる森羅万象《しんらばんしょう》に神が宿ると考えていた。石や木などの自然物から、火や雨風などの自然現象にいたるまで**八百万の神**の存在を信じた。この信仰は、自然を征服するのではなく、自然を畏《おそ》れながら共に生きる日本人の自然観を培った。里山はこの信仰のもとに生まれた。

お稲荷様《おいなりさま》

人々は、いつからか神を祀《まつ》る社《やしろ》を建てるようになった。社に納められたご神体は、鄭重《ていちょう》に祀られ祈禱《きとう》の対象となった。**お稲荷様**は、五穀を司る宇迦《うか》之御魂神《のみたまのかみ》を祀る神社で、数は日本で一番多い。総本社は京都の伏見稲荷大社で、神のお使いをする霊獣は狐。

道祖神《どうそじん》

かつて人々は、村に疫病や悪霊が入るのを防ぐため、峠や村のはずれに結界を作った。**道祖神**である。**岐神**《くなどのかみ》や**塞**《さえ》**の神**《かみ》ともいう。後に、縁結びの神や旅行安全の神、子どもと親しい神と考えられるようになる。松尾芭蕉の『おくのほそ道』では、「道祖神のまねきにあひて取もの手につかず」とあり、間もなく江戸を旅立つ。

付喪神《つくもがみ》

日本人は、古いものや老いたものは**神さびる**といって、神秘的で厳《おごそ》かなものと考えた。道具類でさえ百年経過すれば精霊が宿り、**付喪神**になると考えられていた。人に作られて誕生した物であるが、長い時間を経てなおも健在であり続けた道具は、畏怖や畏敬の念を抱く対象だったのだ。

ムササビ

フクロウの巣立ちビナ

晩鳥《ばんどり》

真っ暗な森の中からグルルッグルルッと恐ろし気な鳴き声が聞こえるや、晩鳥が顔に覆いかぶさり人間の息の根を止めてしまう。怪獣のように恐れられた**晩鳥**というのは、夜行性の動物**ムササビ**のこと。体の皮膜を広げ、木から木へ滑空して移動し、木の実や葉などを食べて暮らしている。

優曇華の花《うどんげのはな》

クサカゲロウという昆虫が産みつけた卵のことを、**優曇華の花**という。インドで三千年に一度花を開くと伝えられる植物の名に由来する。二センチほどの柄の先に、小さい卵がぶら下がっている。草木の葉の裏などの他、家の中にも産みつけることがあり、吉凶の前兆とされる。

ヨツボシクサカゲロウの卵

五郎助奉公《ごろすけほうこう》

フクロウは、作物を食い荒らすネズミを捕食するので、昔から農家の人に大事にされてきた。神社の大木などに巣を作り、その鳴き声は**五郎助奉公**と聞きなされる。杭などに止まって、見つけた獲物を襲う待ち伏せ型の狩りをする。そのことを知っていた昔の人々は、フクロウが止まる杭まで用意した。

白狐《びゃっこ》

神の使い、人を化かす、ずる賢いなどが古くからあるキツネの印象だ。年を経て毛色が白くなったという**白狐**は、神通力を持ち人を化かすといわれた。実際のキツネは、林や田、人家などが入り組んだ里山の環境を好み、ネズミや昆虫、果実などを食べて暮らす。

虎落笛《もがりぶえ》

竹を斜めに交差させて組んだ垣根のことを**虎落**という。冬の風が、柵や竹垣に強く吹き付けると、ヒューッと笛のような音を立てる。冬の寒さを助長させる寂しい音。**虎落笛**という。

ひま洩る風《ひまもるかぜ》

冬に吹く風の中でも、隙間風は特に厭《いや》な風だ。冷たい風が襖《ふすま》の僅かな隙間から入ってくると、ことに気になる。**ひま洩る風**ともいい、寒冷な地では家の隙間に紙を貼り、目貼りをして防いだ。北国の冬支度である。

風鬼《かざおに》

何もしていないのに突然皮膚が裂けて、鋭い鎌で切ったような切傷ができることがある。今では、気候の変動で空気中に真空部分が生じたときに起こるといわれているが、昔は目に見えない鼬《いたち》の仕業や、風の鬼の仕業と思われていた。**鎌鼬**《かまいたち》、**風鬼**、**鎌風**《かまかぜ》という。

雪起こし《ゆきおこし》

福井県には、「冬になり雷が鳴れば雪が近い」という諺《ことわざ》がある。日本海側では、冬の雷は雪の前触れ。大陸から吹く冷たい季節風が、暖かい日本海上を通って雪を降らせる積乱雲を形成するのだ。**雪起こし**と呼ばれるこの雷が鳴ると、日本海側の人々は長く厳しい雪の季節の到来を感じる。

風の子《かぜのこ》

冬の季節風は、日本海側で大雪を降らせ、山を越えて太平洋側に出るころには、乾燥した冷たい風になって吹きつける。関東名物の**空っ風**だ。体の芯まで凍えさせるこの風にも、子どもたちはものともせず元気に走り回って体を温めた。子どもは冬の寒さに負けない**風の子**だった。

佐川町（高知県）

面ノ木峠（愛知県）

雪垣《ゆきがき》

雪が降る前、雪国では**冬支度**に忙しくなる。軒の周りに丸太を立てかけ、藁《わら》などをめぐらせて囲う。積雪の重みで家が破壊されるのを防ぐためだ。**雪垣**や**雪囲**《ゆきがこい》という。

天花《てんか》

「雪の結晶は、天から送られた手紙である」これは、雪の美しさに魅せられた物理学者・中谷宇吉郎の残した名文句である。雪の結晶はすべて六角形だが、同じデザインは一つもない。雪は、**六花**《りっか》、**雪花**《ゆきばな》、**天花**ともいう。

雪やこんこ霰《あられ》やこんこ。／降っては降ってはずんずん積る。／山も野原も綿帽子かぶり、／枯木残らず花が咲く。

文部省唱歌『雪』

綿帽子《わたぼうし》

お地蔵様の頭に雪が積もっていたので、心優しい爺さまは笠をかぶせる。そのお返しにお地蔵様から米俵をもらうという心温まる昔話は『笠地蔵』。雪は、すべてのものに平等に降り積もる。木の枝やお地蔵様の頭などに、こんもりと降り積もった雪は**綿帽子**という。

仰木（滋賀県）

凍豆腐《しみどうふ》

きな粉、醤油、味噌、納豆、豆腐。これらはすべて大豆が原料。製造工程の違いで、一種類の野菜からまったく異なる風味の食品が生まれた。大豆は大いなる豆という意味。**凍豆腐**は、冬の晴れた夜に厳寒の中で豆腐を凍らせ、それを天日に干して作る。零下十度を超す気候を利用した、すばらしい知恵だ。

柿簾《かきすだれ》

簾のようにいくつも吊るされた干し柿は、里山の風物詩。渋柿の皮をむいて日向に干しておくと、表面に白い粉をふいて甘くなる。子どもたちの大好きな冬のおやつだ。農家に嫁いだお嫁さんが上手に皮むきできないと、軒下に吊るしてもらえなかったという。

宮田村（長野県）

機音《はたおと》

〽ハアー　機を織りたや　チャンコロコロとヨー　キイコキイコと音させて

民謡［愛知］『機織唄』

冬になると農家からは、**機音**が聞こえてくる。農閑期《のうかんき》の冬の間、家の中では縄をなうなど様々な手仕事をする。**機織り**もその一つで、和装が基本だったころは、生地も家で織っていた。鶴の化身の女房が、自分の羽を抜いて反物を織り恩返しをする昔話は『鶴女房』。

継ぎ当て《つぎあて》

元々の生地がどれだか分からない。そういわれるほど、かつては盛大に衣服の破れ目や傷んだ部分に継ぎを当てた。布は貴重なもの。駄目になっても、簡単には捨てなかった。大事に扱い、**継ぎ当て**された布を見て、かつての思い出が蘇《よみがえ》ることもあっただろう。

火鉢《ひばち》

凍える手を温め、五徳を置いて鉄瓶で湯を沸かし、茶を入れ餅を焼いた。立ち上る湯気は温かく、室内の乾燥も防ぐ。**火鉢**は炭を使うので煙が立たず、座敷でも重宝された。ストーブの登場まで、火鉢は各家庭で活躍した。

雪掘り《ゆきほり》

豪雪地帯では毎日大量の雪が降り積もり、重みで家がつぶれないようひたすら屋根の雪下ろしをすることになる。新潟県では**雪掘り**という。雪を下ろす場所がなくなると、雪を屋根から放り上げるようになる。雪穴を掘っているイメージのためそう呼ぶ。

高島市（滋賀県）

遠山の霜月祭
とおやまのしもつきまつり

年も押し詰まったころ、全国から八百万《やおよろず》の神がお出ましになり、湯浴《ゆあ》みに訪れる。宮崎駿監督の映画『千と千尋の神隠し』にも同じ場面がある。これは、長野県南部の遠山郷で古くから行われている、神様にお湯を差し上げる祭。八百万の神々に、無病息災、五穀豊穣《ごこくほうじょう》をお願いするという。

煤納め
すすおさめ

十二月に入ると、どこの家も新年の準備で忙しいのは、昔も今も変わらない。師走《しわす》の天気の良い日に一年間の煤を払い清め、同時に一年間の厄も祓《はら》う。かつての煤払いは、単なる大掃除ではなく神聖なものだった。

町田市（東京都）

嬬恋村（群馬県）

正月餅《しょうがつもち》

年の瀬も押し詰まった二十五日ごろには、正月用の餅搗《っ》きが始まる。餅は、日常生活の節目となる晴の日のご馳走であり、神に供える神聖な食べ物。特に、**正月餅**は魂の象徴とされた。餅搗きも終え、正月を迎える準備が整うと、間もなく家族揃って新年の年神様をお迎えする。

お正月がごーざった／何処までごーざった／神田までごーざった／何に乗ってごーざった／交譲木《ゆずりは》に乗ってゆずりゆずりごーざった

わらべうた［東京］
『お正月がござった』

【索引】

あ

饗事 42 あえのこと
青き踏む 78 あおきふむ
青田風 26 あおたかぜ
青葉路 84 あおばじ
赤蛙 47 あかがえる
赤蜻蛉 42 あかとんぼ
茜空 55 あかねぞら
赤まんま 96 あかまんま
秋津 58 あきづ
秋の池 71 あきのいけ
通草 130 あけび
あしたか 52 あしたか
葦原の国 66 あしはらのくに
畦青む 81 あぜあおむ
畦火 98 あぜび
畦豆 98 あぜまめ
油菜 17 あぶらな
雨乞虫 21 あまごいむし

い

厳霊 34 いかつち
居久根 160 いぐね
稲刈り 39 いねかり
稲の魚 21 いねのさかな
稲ぼっち 40 いねぼっち
井守の黒焼き 26 いもりのくろやき
いるり 159 いるり
色無き風 95 いろなきかぜ

う

兎追い 143 うさぎおい
舂づく 114 うすづく
打ち水 165 うちみず
空蟬 121 うつせみ
優曇華の花 173 うどんげのはな
厩肥 18 うまやごえ
厩の守護神 143 うまやのしゅごしん
漆紅葉 128 うるしもみじ

え

炎暑 28 えんしょ

お

お稲荷様 171 おいなりさま
近江蚊帳 166 おうみがや
大鯰 26 おおなまず
大紫 118 おおむらさき
おかまさま 159 おかまさま
拝み太郎 93 おがみたろう
落穂拾い 42 おちぼひろい
落水 39 おとしみず
尾花 98 おばな
帯解き山 117 おびときやま
麻蒔鳥 125 おまきどり

か

飼葉切り 85 かいばきり
掻掘 74 かいぼり
蛙葉 83 かえるば
柿簾 177 かきすだれ
蚊喰鳥 124 かくいどり
風鬼 174 かざおに
風花 104 かざはな
樫鳥 131 かしどり
風死す 164 かぜしす
風の子 174 かぜのこ
風祭り 33 かぜまつり
片栗の花 109 かたくりのはな
河童天国 56 かっぱてんごく
河童虫 61 かっぱむし
かなかな 121 かなかな
蟹淵 65 かにぶち
荷風 31 かふう
兜虫相撲 118 かぶとむしずもう
瓶蜂 118 かめばち
茅鼠 103 かやねずみ
茅場 98 かやば
蚊遣草 90 かやりぐさ
刈田 41 かりた
雁渡し 74 かりわたし
枯野 104 かれの

き

木樵虫 145 きこりむし
雉子の母衣打 85 きじのほろうち
キチキチバッタ 92 きちきちばった
狐の屁玉 132 きつねのへだま
狐の枕 130 きつねのまくら
狐花 97 きつねばな
牛馬冷やす 56 ぎゅうばひやす
行行子 67 ぎょうぎょうし
暁光 154 ぎょうこう
行水 166 ぎょうずい
煌星 153 きらぼし
霧の声 70 きりのこえ
錦雨 29 きんう
金太郎の腹当て 166 きんたろうのはらあて
金風 35 きんぷう

く

草熱れ 89 くさいきれ
草取り虫 21 くさとりむし
草の露 94 くさのつゆ
草の戸 156 くさのと
くずはき 136 くずはき
国木 116 くにぎ
蜘蛛合戦 93 くもがっせん
雲の峰 89 くものみね
車田植 25 くるまだうえ
畔塗り 18 くろぬり
桑原桑原 34 くわばらくわばら
薫風 115 くんぷう

け

渓流の宝石 64 けいりゅうのほうせき
月華 55 げっか
褻と晴 149 けとはれ
紫雲英田 14 げんげだ

こ

源五郎 60 げんごろう
皮茸 132 こうたけ
光芒 115 こうぼう
氷の花 74 こおりのはな
木枯らし 135 こがらし
御神木 170 ごしんぼく
木の葉沓 134 このはぐつ
木の葉時雨 135 このはしぐれ
木の葉宿 137 このはのやど
木の実時 128 このみどき
木の芽 112 このめ
木の芽起こし 110 このめおこし
木の芽時 110 このめどき
小春日和 47 こはるびより
五郎助奉公 173 ごろすけほうこう

さ

早乙女 22 さおとめ
鷺足 160 さぎあし
桜颪 113 さくらおろし
早苗田 25 さなえだ
早苗取 22 さなえとり
早苗饗 25 さなぶり
山菜 112 さんさい

し

鹿の湯 138 しかのゆ
猪垣 43 ししがき
柴刈り 136 しばかり
芝棟 157 しばむね
凍豆腐 177 しみどうふ
十薬 116 じゅうやく
数珠玉 70 じゅずだま
出穂 32 しゅっすい
正月餅 181 しょうがつもち
猩猩蜻蛉 59 しょうじょうとんぼ
松上の鶴 39 しょうじょうのつる
菖蒲湯 53 しょうぶゆ
精霊花 68 しょうりょうばな
代掻き 19 しろかき
白蛇 163 しろへび
神鹿 138 しんろく

す

透かし俵 122 すかしだわら
酸模 90 すかんぽ
煤納め 180 すすおさめ
涼み台 166 すずみだい
雀威し 35 すずめおどし
雀隠れ 78 すずめがくれ
雀合戦 162 すずめがっせん
相撲取草 80 すもうとりぐさ

せ

雪客 39 せっかく
蟬時雨 121 せみしぐれ
千枚田 11 せんまいだ

そ

ソングポスト 84 そんぐぽすと

た

太陰 151 たいいん
太鼓打虫 60 たいこうち
田植え 22 たうえ
田植唄 23 たうえうた
田植地蔵 24 たうえじぞう
田植時 22 たうえどき

田打ち 19 たうち
田打桜 110 たうちざくら
田金魚 20 たきんぎょ
田草取 29 たくさとり
茸狩 132 たけがり
田毎の月 13 たごとのつき
黄昏草 30 たそがれぐさ
脱穀 40 だっこく
棚木猫 157 たなぎねこ
狸寝入り 138 たぬきねいり
田の神 15 たのかみ
魂送り 167 たまおくり
魂祭 167 たままつり
田水沸く 28 たみずわく
田んぼの栄螺 20 たんぼのさざえ
タンポポ水車 80 たんぽぽすいしゃ

ち

ちちろ虫 102 ちちろむし
茶草場 98 ちゃくさば
チャグチャグ馬コ 25 ちゃぐちゃぐうまこ
提灯花 90 ちょうちんばな
鎮守の杜 170 ちんじゅのもり

つ

桃花鳥 39 つき
継ぎ当て 178 つぎあて
月草 90 つきくさ
月の鏡 151 つきのかがみ
月の雫 94 つきのしずく
月の剣 150 つきのつるぎ
月の舟 150 つきのふね
月の女神 122 つきのめがみ
付喪神 171 つくもがみ
土の筆 81 つちのふで
つばくろ 162 つばくろ
摘草 81 つみくさ
露時雨 94 つゆしぐれ
露玉草 30 つゆだまぐさ
垂氷 144 つらら

て

照紅葉 128 てりもみじ
天花 177 てんか
天狗の鼻 131 てんぐのはな

紅娘 83 てんとうむし

と

灯心草 68 とうしんそう
道祖神 171 どうそじん
桃葉湯 31 とうようとう
遠山の霜月祭 180 とおやまのしもつきまつり
年神様 148 としがみさま
鳥とまらず 112 とりとまらず
鳥黐の木 116 とりもちのき
どんど 149 どんど
蜻蛉玉 59 とんぼだま

な

苗打ち 23 なえうち
中干し 29 なかぼし
菜種梅雨 17 なたねづゆ
夏座敷 165 なつざしき
夏野 89 なつの
夏の川 56 なつのかわ
鳴子 35 なるこ
苗代 14 なわしろ
苗代鷺 20 なわしろさぎ

に

西風の神 118 にしかぜのかみ
ニワ 156 にわ

ぬ

鵺鳥 124 ぬえどり
盗人掃き 137 ぬすっとばき
沼縄 69 ぬなわ
沼蝦 65 ぬまえび
濡れ縁 158 ぬれえん

ね

猫じゃらし 97 ねこじゃらし
鼠浄土 43 ねずみじょうど

の

野上がり 29 のあがり
乗込 50 のっこみ
野分 33 のわき

は

灰 137 はい
梅花藻 69 ばいかも
薄明 55 はくめい
はこべら 83 はこべら
稲架掛け 40 はざかけ
稲架木 98 はさぎ
機音 178 はたおと
八十八夜 16 はちじゅうはちや
馬頭観音 161 ばとうかんのん
花曇 114 はなぐもり
花田植 24 はなたうえ
花野 95 はなの
春一番 110 はるいちばん
春風 50 はるかぜ
春雨 78 はるさめ
春告鳥 113 はるつげどり
春の川 50 はるのかわ
春の野 78 はるのの
春の女神 109 はるのめがみ
春の妖精 109 はるのようせい
晩鳥 173 ばんどり

ひ

ピーピーナ 90 ぴーぴーな
匏 31 ひさご
菱刺し 71 ひしさし
穭 42 ひつぢ
日向ぼこり 144 ひなたぼこり
日の辻休み 165 ひのつじやすみ
火鉢 179 ひばち
雲雀笛 84 ひばりぶえ
ひま洩る風 174 ひまもるかぜ
白狐 173 びゃっこ

ふ

風船の花 96 ふうせんのはな
風鐸 164 ふうたく
冬籠 104 ふゆごもり
冬田 47 ふゆた
冬の川 74 ふゆのかわ
ぶんぶん 163 ぶんぶん

ほ

萌芽 116 ほうが
棒樫 160 ぼうかし
蒲黄 68 ほおう
星月夜 152 ほしづくよ
星の瞳 83 ほしのひとみ
星の嫁入り 152 ほしのよめいり
榾木 132 ほだぎ
蛍狩り 61 ほたるがり
熒星 153 ほのおぼし
煩悩鷺 67 ぼんのうさぎ

ま

曲屋 161 まがりや
マッカチン 58 まっかちん
松迎え 148 まつむかえ
鞠鼠 143 まりねずみ

み

水切り 56 みずきり
水温む 50 みずぬるむ

水船 158 みずふね
瑞穂国 10 みずほのくに
道おしえ 92 みちおしえ
緑のカーテン 165 みどりのかーてん
緑のダイヤモンド 123 みどりのだいやもんど
水口祭 15 みなくちまつり
蓑亀 64 みのがめ

む
虫送り 32 むしおくり
虫聞 102 むしきき

め
飯炊き星 154 めしたきぼし

も
虎落笛 174 もがりぶえ
土竜打ち 85 もぐらうち
鵙日和 103 もずびより
森青蛙 52 もりあおがえる
森の酒場 118 もりのさかば
諸木の君子 134 もろきのくんし

や
八百万の神 171 やおよろずのかみ
八咫烏 162 やたがらす
谷津田 11 やつだ
矢筈豌豆 83 やはずえんどう
山眠る 138 やまねむる
山の蛇 26 やまのへび
山柄杓 123 やまびしゃく
山粧う 128 やまよそおう
山笑う 110 やまわらう
家守 163 やもり
ヤンマ釣り 59 やんまつり

ゆ
結い 156 ゆい
夕彩 13 ゆうあや
夕立 89 ゆうだち
夕虹 12 ゆうにじ
夕間暮 55 ゆうまぐれ
夕焼け 12 ゆうやけ
雪起こし 174 ゆきおこし
雪垣 177 ゆきがき
雪形 14 ゆきがた
雪消の水 50 ゆきげのみず
雪のひま 109 ゆきのひま
雪掘り 179 ゆきほり
雪間草 78 ゆきまぐさ

よ
妖精の輪 133 ようせいのわ
葦簀 66 よしず
葦登 53 よしのぼり
怪鴟 125 よたか

ら
洋燈 161 らんぷ

り
栗鼠 130 りす
竜胆 96 りゅうたん
緑陰 117 りょくいん

れ
黎明 154 れいめい

ろ
蠟の木 128 ろうのき
炉端の夜語り 159 ろばたのよがたり

わ
若水迎え 149 わかみずむかえ
和獣の王 143 わじゅうのおう
綿帽子 177 わたぼうし
渡り鳥 74 わたりどり
藁ぼっち 41 わらぼっち

[参考文献・引用文出典]

『雪』　中谷宇吉郎　岩波新書　1938
『千曲川のスケッチ』　島崎藤村　新潮文庫　1955
『日本童謡集』　与田準一編　岩波文庫　1957
『日本唱歌集』　堀内敬三・井上武士編　岩波文庫　1958
『原色日本蛾類図鑑』　江崎悌三ほか著　保育社　1959
『日本民謡集』　町田嘉章・浅野建二編　岩波文庫　1960
『わらべうた』　町田嘉章・浅野建二編　岩波文庫　1962
『古事記』　倉野憲司校注　岩波文庫　1963
『村のことわざ事典』　星克美　富民協会　1975
『日本の伝説』　柳田国男　新潮文庫　1977
『芭蕉おくのほそ道』　松尾芭蕉　岩波文庫　1979
『加藤楸邨全集第二巻』　加藤楸邨　講談社　1980
『次郎物語』　下村湖人　ポプラ社文庫　1980
『日本人の生活と文化２ 村の暮しとなりたち』　田村善次郎・香月洋一郎　ぎょうせい　1982
『北越雪譜』　鈴木牧之編選　岩波クラシックス　1982
『日本の昔話』　柳田国男　新潮文庫　1983
『日本の神話と十大昔話』　楠山 正雄　講談社学術文庫　1983
『画集・子供の四季』　中川音五郎　日本経済評論社　1984
『忘れられた日本人』　宮本常一　岩波文庫　1984
『日本の名随筆 18 夏 歳時記』　山本健吉編　作品社　1984
『天気予知ことわざ辞典』　大後美保編　東京堂出版　1984
『塩の道』　宮本常一　講談社学術文庫　1985
『民間暦』　宮本常一　講談社学術文庫　1985
『故事ことわざの辞典』　尚学図書編　小学館　1986
『宮沢賢治全集』　宮沢賢治　ちくま文庫　1986-95
『写真でみる日本生活図引４ すまう』　須藤功編　弘文堂　1988
『森と人間の文化史』　只木良也　NHKブックス　1988
『年中行事を「科学」する』　永田久　日本経済新聞社　1989
『世界有用植物事典』　堀田満ほか編　平凡社　1989
『ものと人間の文化史 64 蛙』　碓井益雄　法政大学出版局　1989
『写真でみる日本生活図引１ たがやす』　須藤功編　弘文堂　1989
『写真でみる日本生活図引５ つどう』　須藤功編　弘文堂　1989
『カラー図説日本大歳時記愛蔵版 春・夏・秋・冬・新年』　水原秋櫻子・加藤楸邨・山本健吉監修　講談社　1989
『自然と人間の日本史２ 花の日本史』　木村陽二郎監修　新人物往来社　1989
『自然と人間の日本史３ 鳥の日本史』　黒田長久監修　新人物往来社　1989
『ふるさと大歳時記２ 関東ふるさと大歳時記』　山本健吉監修　角川書店　1991

『日本民俗文化資料集成第 11 巻 動植物のフォークロアⅠ』 谷川健一編 三一書房 1992
『日本民俗文化資料集成第 12 巻 動植物のフォークロアⅡ』 谷川健一編 三一書房 1993
『植物と行事』 湯浅浩史 朝日選書 1993
『縮刷版 日本昔話事典』 稲田浩二ほか編 弘文堂 1994
『植物の世界』 岩槻邦男ほか監修 週刊朝日百科 1994-97
『小さな町の大きな自然』 佐藤敬 無明舎出版 1996
『日本動物大百科』 日高敏隆監修 平凡社 1996-98
『幕末日本探訪記 江戸と北京』 ロバート・フォーチュン著・三宅馨訳 講談社学術文庫 1997
『草木花歳時記 春・夏・秋・冬』 朝日新聞社編 朝日新聞社 1998-99

『森の新聞 12 タヌキの丘』 小川智彦 フレーベル館 1998
『森の新聞 14 カエルの田んぼ』 長谷川雅美 フレーベル館 1998
『自然の観察事典 18 ヤママユガ観察事典』 小田英智・新開孝 偕成社 1998
『鳥獣虫魚歳時記 春夏・秋冬』 朝日新聞社編 朝日新聞社 2000
『里山大百科』 平野伸明・新開孝・大久保茂徳 TBSブリタニカ 2000
『ものと人間の文化史 101 植物民俗』 長澤武 法政大学出版局 2001
『里山の環境学』 武内和彦・鷲谷いづみ・恒川篤史編 東京大学出版会 2001
『里山昆虫ガイドブック』 新開孝 TBSブリタニカ 2002
『里山蝶ガイドブック』 新開孝 TBSブリタニカ 2003
『棚田の謎 千枚田はどうしてできたのか』 田村善次郎・TEM 研究所著 OM 出版 2003
『さがしてみよう日本のかたち 5 民家』 立松和平 山と溪谷社 2003
『「いまに伝える」農家のモノ・人の生活館』 大舘勝治・宮本八惠子 柏書房 2004
『里やま自然誌』 中村俊彦 マルモ出版 2004

『動植物名よみかた辞典 普及版』 日外アソシエーツ 2004
『ものと人間の文化史 124-I 動物民俗I』 長澤武 法政大学出版局 2005
『田んぼの生き物図鑑』 内山りゅう 山と溪谷社 2005
『ポプラディア情報館 日本地理』 保岡孝之監修 ポプラ社 2005
『日本文化の形成』 宮本常一 講談社学術文庫 2005
『宮本常一 旅する民俗学者』 佐野眞一編 河出書房新社 2005
『日本各地の伝統的なくらし2 農村の伝統的なくらし』 芳賀日出男 小峰書店 2006
『田んぼの生きものおもしろ図鑑』 湊秋作編著 農山漁村文化協会 2006
『ポプラディア情報館 米』 石谷孝佑監修 ポプラ社 2006
『宮沢賢治イーハトヴ自然館』 ネイチャー・プロ編集室編 東京美術 2006
『米が育てたオオクワガタ』 山口進 岩崎書店 2006
『田んぼで出会う花・虫・鳥』 久野公啓 築地書館 2007
『里山学のすすめ』 丸山徳次・宮浦富保編 昭和堂 2007
『別冊太陽 宮本常一』 佐野眞一ほか執筆 平凡社 2007
『コウノトリがおしえてくれた』 池田啓 フレーベル館 2007
『里山いきもの図鑑』 今森光彦 童心社 2008
『図説古事記』 石井正己 河出書房新社 2008
『里山の植物ハンドブック』 多田多恵子監修 NHK出版 2009
『宮本常一が撮った昭和の情景』 田村善次郎解説 毎日新聞社 2009

辞書などは省略した。

［写真クレジット］

写真提供　ネイチャー・プロダクション

カバー／表：今森光彦　裏：海野和男　そで／前：栗林慧　後：武田晋一
亀田龍吉：1,94u　今森光彦：2-3,8-9,14-15,18-19,22-23,28,39,40,41,42,44-45,48-49,56,60,89,93,96d,
100-101,132,146-147,156,158-159,177　前田博史：4-5,95,105,112-113,151　飯村茂樹：6-7,10-11,19,
32-33,55u,57,129,140-141,179,182-183,192　奥田實：12,51　栗田貞多男：13,106-107
埴沙萌：16,76-77,91,99d,166　高橋孜：17　中川雄三：21m,21d,131,144-145,162d　内山りゅう：20u,20d,26
武田晋一：21u,52,69d　石江進：20m　新開孝：24-25,29,32r,36-37,46u,46d,61,64u,65,68d,92,94d,99u,102,
111d,117,118,121,122,123,124u,124d,136-137,145u,163m,173,180,184-185,186-187,190-191
山川孝典：27,75　姉崎一馬：30-31,97d,108u,116u,168-169　Warren Faidley/Oxford Scientific：34-35
吉野俊幸：38,104　吉野信：43　桜井淳史：53　和田剛一：55d,67,84,103,125d,162u,172u
後藤昌美：54,115,153　関慎太郎：58-59,163u　杉村光俊：59d　栗林慧：62-63　草野慎二：64d,163d
山形則男：66　浜口千秋：68u,69u,116d,175　平野隆久：68m,80,82,90,96u,112u,
114,126-127,130u,130d,148,157,164,181　小川淳：70-71,72-73,154-155
増田戻樹：74,88,150,162m　神津一郎：79,134　井田俊明：78,128
木原浩：81　久保秀一：83　松木鴻諮：85,172d
いがりまさし：86-87,97u,111u,176　松香健次郎：108d　松本克臣：119
今井初太郎：120　石江馨：125u　伊沢正名：133　平野伸明：135
佐藤明：138　前川貴行：139　福田幸広：142　行田哲夫：143r,160
西村豊：143l　藤井旭：152　嶋田忠：161　小川宏：165
田代宏：170-171　安田守：178　海野和男：188-189

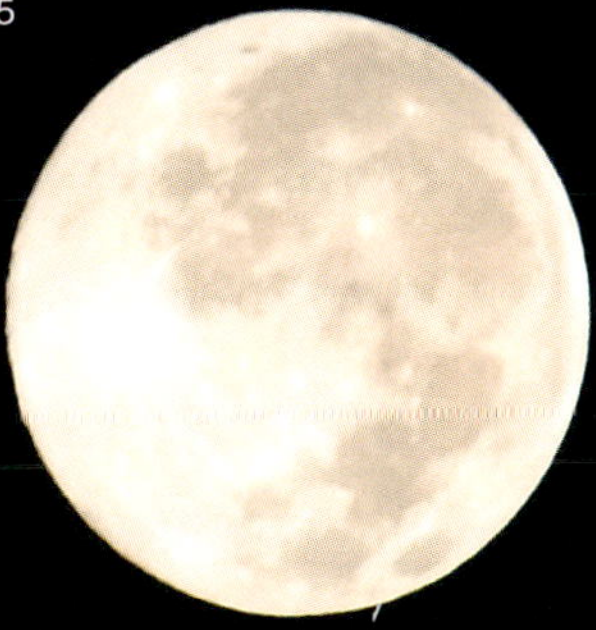

写真協力　芳賀ライブラリー

小澤宏之：149　中田昭：167

写真キャプション

カバー／表：仰木（滋賀県）　裏：茅野市（長野県）　そで／前：オオアラセイトウ　後：ヒシクイ
1：ニホンアマガエル　2-3：仰木（滋賀県）　4-5：奈半利町（高知県）　6-7：栗東市（滋賀県）
8-9：仰木（滋賀県）　48-49：マキノ町（滋賀県）　76-77：セイヨウタンポポ
106-107：黒姫高原（長野県上水内郡）146-147- 長浜市（滋賀県）　182-183：栗東市（滋賀県）
184-185：三股町（宮崎県）　186-187：霧島山（宮崎県）　188-189：アキアカネ　190-191：三股町（宮崎県）
192：栗東市（滋賀県）

数字はページ数。数字の下の記号は、u-上、d-下、m-中、r-右、l-左を示す。

ネイチャー・プロ編集室
自然科学分野を専門とする企画・編集集団。1978 年創設以来、多くの図鑑や書籍、児童書の編集をてがけている。おもな制作書籍に『自然のことのは』『深海のフシギな生きもの』（以上幻冬舎）、『色の名前』『森の本』（以上角川書店）、『里山の植物ハンドブック』（NHK 出版）、『青の本』（PHP 研究所）などがある。

構成・文　ネイチャー・プロ編集室（三谷英生・佐藤暁）
装丁 A.D.　山内浩史
デザイン　山内浩史デザイン室（齋藤広幸）
製版　石井龍雄（トッパングラフィックコミュニケーションズ）
編集　福島広司・鈴木恵美・前田香織

里山のことのは

2009 年 11 月 25 日　第 1 刷発行

発行者　見城 徹
発行所　株式会社 幻冬舎
〒 151-0051　東京都渋谷区千駄ヶ谷 4-9-7
電話 03-5411-6211（編集）
03-5411-6222（営業）
振替 00120-8-767643
印刷・製本所　凸版印刷株式会社

検印廃止

ISBN978-4-344-01757-3 C0072
Printed in Japan

幻冬舎ホームページアドレス　http://www.gentosha.co.jp/
この本に関するご意見・ご感想をメールで
お寄せいただく場合は、comment@gentosha.co.jp まで